障害のある人とそのきょうだいの物語　青年期のホンネ

もくじ

近藤直子・田倉さやか・日本福祉大学きょうだいの会 編著

はじめに …… 2

第1章 日本福祉大学で“きょうだい”の取り組みができるまで
日本福祉大学 近藤直子 …… 4

第2章 きょうだいの思い …… 15
――きょうだいの会の学生と卒業生から

幼稚園のお迎え　子ども発達学部2年 佐野円香 …… 15

しょうがいってなあに？　社会福祉学部4年 藤井沙耶香 …… 19

ほろ苦い入学式の思い出　子ども発達学部3年 古藤田有花 …… 22

一緒にいたくない……　子ども発達学部3年 赤尾勇斗 …… 28

私と妹　社会福祉学部4年 M・C …… 34

兄の存在　子ども発達学部2年 沼野純子 …… 40

うちから施設へ　妹の成長　子ども発達学部2年 下出　隼 …… 44

スーパーアイドルの誕生秘話　子ども発達学部3年 加藤　睦 …… 48

弟との暮らし　障害者支援施設支援員 稲吉啓太 …… 53

当たり前だけど、当たり前ではないんです。
社会福祉士 M・E …… 56

知的障害への偏見がなくなる社会へ
生活支援員 望月彩花 …… 62

気づいてほしい心の声　保育士 奥田千絵 …… 68

今の私がここにいる理由、姉への感謝の思い
児童指導員 鈴木絵莉 …… 74

二十歳を過ぎたころ　児童指導員 G・S …… 79

第3章 きょうだいの思いときょう 支援 田倉さやか …… 84

ツかもがわ
AMOGAWA

はじめに

この本は、日本福祉大学で学ぶ学生たちが、障害のある兄弟姉妹をもつ〝きょうだい〟としてこれまでどのような思いを抱いていたか、今どのような思いでいるかを、これから支援者になる学生や、福祉や教育、保育を教える先生方に知ってもらいたいという話が出たことをきっかけにつくりあげたものです（この本では、障害のある当事者を「兄弟姉妹」そのきょうだいを「きょうだい」と記しています）。

近藤直子先生がゼミ生からの要望で立ちあげられた「きょうだいの話を聞く会」の取り組みを続ける中で、私が日本福祉大学に着任した二〇〇九年から、きょうだいだけで定期的に集まる機会ももつようになりました。学生たちは、きょうだいの話を聞く会を「オープン」、自分たちだけで集まる会を「クローズ」と呼んで区別しています。クローズでは、何をするというわけではないですが、二、三か月に一度ずつ集まり、今関心のあることや、みんなに聞いてみたいことなどを自由に話し合う時間をもっています。その中で、自分たちの思いを言葉にしてまとめ、みんなに知ってもらおうという動きが出てきました。

障害児者のきょうだいの思いについて知りたいというのは、地域の支援関係者や特別支援学校などでお話をさせていただくとよく聞くことです。親の立場になると、実際のところきょうだいがどう思っているのか聞けないということもあったり、大人になったきょうだいがどのような生活をしていくのか、どのような悩みをもつのかがわからず不安になったりすることもあります。また、支援者も障害のある子どもたちについてくるきょうだいの姿や、保護者の話の中で見え隠れするきょうだいの存在に触れて、きょうだいの育ちについて目を向けることもあります。

障害児者やその家族への支援の中で、きょうだいは支援の対象者として真っ先に考えられる存在ではありませんし、実際に直接的な支援が必要不可欠というわけでもありません。「いい子」でいるきょうだいもとても多いので、むしろ家族にも支援者にも頼りにされることも多いということもあります。しかし、そんなきょうだいでも、本当は誰かに甘えたかったり、いじわるな気持ちをもっていたりします。もしかすると、ここで登場する学生たちも、みなさんにとっては、やっぱり「いい子」に見えるかもしれません。それでも、じっくり彼らの話を読んでみると、その言葉の裏にこれまで様々な思いを抱えていたことが感じられるかと思います。そういう意味では、一山越えたきょうだいと言えるのかもしれません。

当然のことながら、きょうだいの姿や兄弟姉妹との関係は千差万別で、ここで紹介した学生の話や思いがすべてではありません。ただ、ここで語ることができたきょうだいがどのように兄弟姉妹や家族、自分のことを考えているのかを知っていただければと思います。この本が、障害のある兄弟姉妹や家族のことで悩んでいるきょうだいが少し安心することができたり、保護者や支援者のみなさんがきょうだいの思いを考える一助になれば幸いです。

田倉さやか

第1章

日本福祉大学で“きょうだい”の取り組みができるまで

日本福祉大学　近藤直子

1　私がきょうだいに目を向けるようになった経緯

私が就学前の障害のある子どもとかかわり始めたのは一九七一年ですが、当時は就学前に「通うことのできる場」は肢体不自由児通園施設だけでした。知的障害児や自閉症児には通う場がなく、お母さんたちが運営する無認可の「幼児教室」を手伝い始めたのが最初です。その後一九七三年から現在まで保健所の一八か月児健診後の発達相談を担当していることもあり、子どもたちはもとよりお母さんたちのためにも「どんな子にも楽しく通うことのできる場を保障する」ということが私の目標となり、そのために一九七〇年代から八〇年代は保健師や通園施設の職員等を組織することに力を入れていました。

一方で保育所の障害児保育については、一九七八年より毎月保育士と学習会を取り組むと共に、名古屋市昭和区の「池内わらべ保育園」を基盤に組織された「障害児問題を考える会」で、障害児のお父さんたちと交流するようになり、お母さんだけでなくお父さんを支えることの大切さを身に沁みて感じるようになりました。お父さんたちのほうが子どもの抱える障害を受け止めにくいようなのですが、その背景には、障害児の父親同士が仲間として出会える機会が少ないこと、そしてわが子に障害があることに伴うつらさやしんどさを涙で語る機会がないという、父親たちの置かれた条件があるということに気づいたからです。

こうした私自身の取り組みの経過の中で、保健師や保育士といった障害乳幼児の関係者と父母をつなぐ橋渡しをしたいと考えるようになり、一九九〇年代に入り「障害乳幼児関係者の集い」から始めて「障害児の父母の集い」を毎年開催するようになりました。その過程で実行委員を務めた母親たちが中心になって「障がいのある子どもの父母のネットワーク（父母ネット）」が立ち上がり、一九九八年より「障がい児のきょうだいについて考える」例会*を主催するようになったのです。

「母親支援から父親支援へ」という私の問題意識からすれば、きょうだい支援へと発展するのは自然な流れかもしれませんが、それにはやはりきっかけがありました。「関係者の集い」「父母の集い」はもとより、主催していた障害児の「就学・進学懇談会」の託児体験が重くのしかかっていたからです。一九九〇年代は移動支援等の日常生活支援がまだ制度化されておらず、親が集まる「集い」を日曜日に開催すると必ず障害児の託児体制が必要になり、保育士や施設職員、学生ボランティアとともに託児に参加していると、障害のある兄弟の面倒をみる優しいお姉ちゃんや妹と出会うことになるのです。トイレ介助などを学生よりもよっぽど上手にこなす小学生の姿に、「日曜日くらい兄弟のことは放ってもっと気ままに過ごしてもよいのに」と感じていました。

その頃に日本福祉大学女子短期大学部から社会福祉学部に異動になり、社会福祉学部の授業を担当するようになったのですが、「障害児心理学」の講義の感想に「障害児のきょうだい」であることを書く学生が多いことに気づき、きょうだいの思いを聞いてみたいという気持ちをもつようになりました。小学生では客観化しにくい思いも大学生であれば整理して語りうるかもしれない、その思いから「父母ネット」の企画に学生を誘うようになったのです。

2 学内で「きょうだいの話を聞く会」を開催するようになった経過

「父母ネット」の「きょうだい例会」において体験を語ってくれる学生を募ることが、「父母ネット」における当初の私の役割でした。一九九八年の第一回例会で体験を語った二人の学生のうち四年生の学生は、二年生で担任した折に脳性まひの妹さんのことをめぐって悩んでいることを聞いていました。もう一人の二年生はちょうど担任していた学生でしたが、ゼミで障害児の父母の話を聞く機会をもった後に、「双子の妹に障害があること」を打ち明けてくれていました。よい機会なので、「お母さんたちにきょうだいの思いを語ってくれないか」と依頼したところ快諾してくれたこともあり、その後二〇〇〇年までは、「障害のある兄弟がいる」

とカミングアウトしているゼミ生に「きょうだいの思い」を語ってもらいました。

でもそれってある意味で「地位利用」ですよね。ゼミの先生の依頼は「断りにくくて当たり前」ですから。親たちの前で「語る」ことが学生のためにもなると思えなければ依頼はできません。例会後の反省会で「話すことで自分の気持ちを初めて表に出せた」「話してよかった」と語りきょうだい同士の会話が弾む様子を見て、もっとフランクに自分たちの思いを語り合った上で親たちに語ることが大切なのではと思うようになりました。九九年の例会でダウン症の弟のことを語ったゼミ生が翌年に弟のことで卒論を書いたことを契機に、学内の「きょうだいの話を聞く会」を開催しようと思い始めました。ちょうど三年生のゼミ生二人が「きょうだいのことで卒論を書きたい」と考え始めたこともあって、「きょうだいの話を聞く会」を二〇〇一年の前期に初めて開催しました。二人はきょうだいの思いに関しての調査を計画していたため、自分たち以外のきょうだいの話を聞いて調査項目を立てていきました。

二〇〇〇年から活動し始めていた「全国障害者問

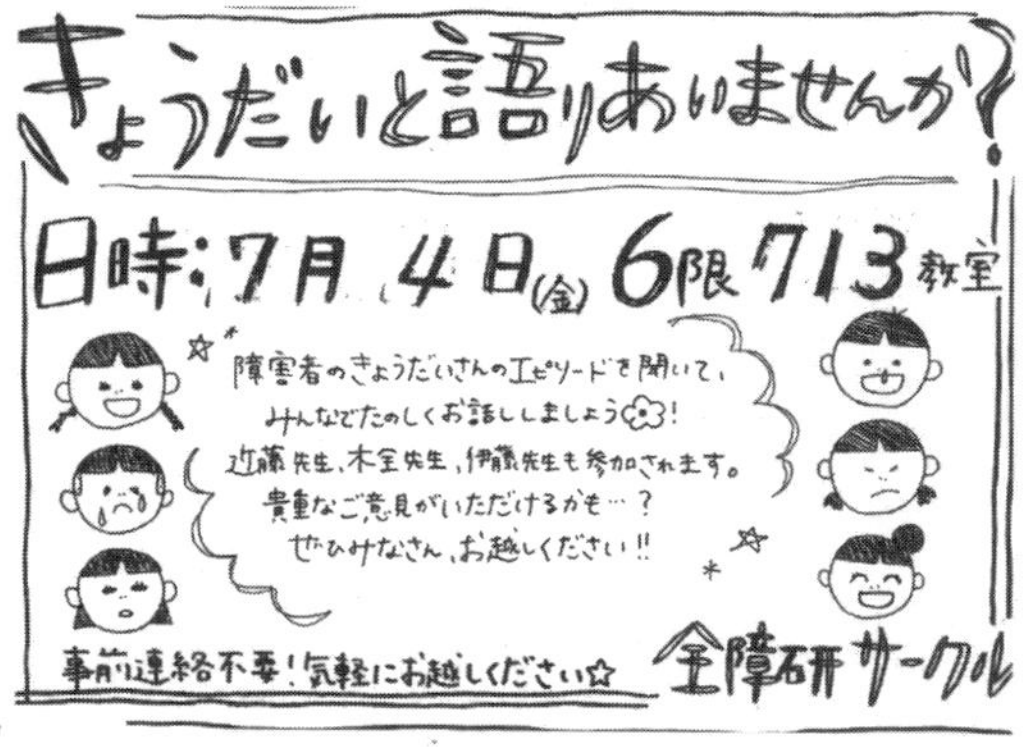

「障害のあるきょうだいのいる学生の話を聞く会」のチラシ

題研究会（全障研）福祉大サークル」の学生たちと共に、「障害のあるきょうだいのいる学生の話を聞く会」のチラシを作成し、私の授業で配布すると共に、障害者関連のゼミを担当している教員やサークル員が所属している学内サークルにも配布を依頼して、毎年六月と一一月をめどに例会を開催するようになりました。最初、参加者はサークル員と私が個人的に声掛けした学生が中心でしたが、毎年「会」を積み上げるうちに市民権を得たのか参加者の幅は広がっていきました。

3 「きょうだいの話を聞く会」で語り合われたこと

当初の参加者は多いときで一五名ほど、少ないときは数名という状況でしたが、だからお互いに話しやすかったということもできそうです。事前に全障研サークルで話し合った「聞いてみたいこと」を前提に、最初に参加者の自己紹介と「きょうだいに聞いてみたいこと」を一巡して話した後に、参加者からの声の中でサークルメンバーの聞いてみたいことに当てはまったテーマから話してもらうという形式を採りました。運営は私が担当し、「きょうだいだ」とカミングアウトするか否かは本人に任せました。一年生の時には「関心があったから」と言って参加していた学生が、後に「弟二人が自閉症」とカミングアウトしたこともありました。

「父母ネット」の例会での学生の発表や最初の年の「聞く会」での学生の声をもとに、二〇〇二年発行の拙著『楽しくのんびりみんなで子育て』（全障研出版部）に「第八話　きょうだいにはきょうだいの人生が」としてまとめましたが、ちょうどこの頃にきょうだい関連の本も出されるようになり、きょうだいに光が当たるようになるにつれ参加者も増えていったと感じています。私が本に書いたためもあってか、他大学教員から「聞く会」の問い合わせがあり、学生が一人で参加してくれた「聞く会」もありました。「自分の大学にはきょうだいがいるかどうかわからない」というのが参加動機で「福祉大にはこうした場があってうらやましい」と語っていました。毎年の傾向を見ると前期の参加者のほうが多く後期の参加者は減少するのですが、それは「大学」という新たな場での「出会い」を学生が求めていることの現れだと思っています。

「聞く会」で毎年のように語られてきたテーマは、「兄弟がいて良かったこと・面白かったこと」「兄弟のためにしたいやな思い」の二つです。良かったことの中には「東京ディズニーランドで待たなくても良かった」などというものもありましたが、「福祉に関心をもった」「兄弟の特別支援学校の運動会が楽しくてそれで進路を決めた」など生き方に関するものが多かったように思います。面白かったことについては「お風呂でカップラーメンを食べる」「一度通った道は忘れない」など、他の人とはちょっと違うけれど笑えるというネタが語られ参加者の笑いを誘っていました。そういう話の時のきょうだいは実に楽しそうです。

一方、きょうだい以外の学生や教員の前で「いやな思い」を語ることにはきっとそれなりの「こころのバネ」が必要だと思いますが、何度か参加して「いやな思い」も語ることができるようになった上級生が語ることで、初参加でも「いやな思い」を語ってくれる学生がいます。「兄弟がいじめられているのを目撃したがどうしようもできなかった」「家族で買い物に行ったスーパーで級友と出会い、兄弟とは他人のふりをした自分がいやだった」「障害が重くて施設に入所していたので弟の存在を友人にも言わなかった。弟が亡くなり今は後悔している」など、兄弟に対する自分の行動を責め続けている学生もいました。そうした思いは親には一切語っておらず自分の胸に秘めてきたのですが、「同じきょうだいがいる場だから」と語ってくれたものです。そうやって「語ること」で少し楽になるようですし、同じような思いをしている学生と出会うことで救われてもいるようです。もちろん「近所で意地悪をされた」「せっかくやった宿題を破られた」などの体験もありましたが、私が一番腹立たしく思ったのは、発達障害の弟が「死んでやる！」と学校で暴れた際に担任が「姉ちゃんを呼んで来い」と姉を呼びつけて「何とかしろ！」と姉に言い、どうしてよいかわからぬままにテラスで弟を「死んだらダメ」と抱きかかえていたという話を聞いたときでした。その会には同じように発達障害の弟がいる学生が参加していて「あなたも私と同じようなことがあったのね」と意気投合してくれ救われた気持ちになりましたが、このエピソードは教員が参加する講演会で必ずお話してきょうだい理解の一助としています。二〇一三年に岡山で開催された日本福祉大学地域同窓会でこの話をしたところ、教え子から「うちのお姉ちゃんも同じような目に遭いました。ＡＤＨＤの弟が暴れたときに呼び出され、『こいつをよく見ろ』と頭を押さえつけられたうえに『こいつが問題を起こすのはお前の母親が働いているせいだ、母親が悪い、母親に言っておけ』と言われた」のだそうです。「あまりのひどさにお姉ちゃんが私に言ってくれたから助かりました」「先生、いなかはまだまだそういうふうなのですよ」ということばに、きょうだいの本や「きょうだいの会」の意味を改めて感じています。

4 きょうだいのピアグループの力に依拠して

「聞く会」を学生が運営

二〇〇九年度に田倉さんが本学に赴任され、「きょうだいの話を聞く会」に参加すると共に、きょうだいのピアグループ（「クローズ」の会）を組織するようになり「聞く会」の運営も変化してきました。

それまで全障研サークルが運営してきた「聞く会」をピアグループの学生が運営するようになり、チラシの作成も司会も中心的な発言者もピアグループのメンバーになり、語るテーマも彼らが考えてくれています。参加者が多いときにグループ討議を行うようになったのも、ピアグループの学生が恒常的に参加して運営しているから可能になっていることです。

ピアグループでどのような活動をしているのかは、田倉さんと学生たちしか知らないのですが、今回、その中心メンバーたちが「きょうだいの本音」をまとめてくれたのも、ピアグループとしてのつながりの成果だとよろこんでいます。田倉さんは渡米のために二〇一四年度末で日本福祉大学を退職しましたし、私は二〇一五年度末で定年退職します。

「きょうだいの話を聞く会」自体は、全障研福祉大サークルの木全和巳先生、伊藤修毅先生が引き継いでいってくださると思っていますが、ある意味で「一つの区切り」を迎えたということだと思っています。社会福祉や特別支援教育、障害児保育を学ぶ学生には、障害児者のことだけでなく家族のことも考えて欲しいと願っています。私たちがいなくなっても家族支援の視点が日本福祉大学に根づき続けていくこと、そして多くの大学や地域において「きょうだい支援」の取り組みが広がることを願っています。

＊田中弘美・障害を持つ子どもの父母のネットワーク愛知、二〇〇五『Ｄｅａｒ．Ｂｒｏｔｈｅｒ＆Ｓｉｓｔｅｒ――障がい児のきょうだいたちのホントの気持ち』株式会社Ｈｏｎ'ｓペンギン

第2章

きょうだいの思い

——きょうだいの会の学生と卒業生から

幼稚園のお迎え

子ども発達学部二年　佐野円香

私には、二つ下に知的障害を伴う重度の自閉症の妹がいます。妹は幼稚園のときは通園施設、小学校から現在は特別支援学校に通っています。そのなかでも妹が通園施設に通っていたときのエピソードを一つお話ししたいと思います。

妹が施設に入園したとき、私は幼稚園に通っていました。私も妹も家から少し離れたところに通っており、私たちはそれぞれバス通園でした。それで困るのが私たちの送り迎え。父は遠いところで働いているため送り迎えできるのは母だけ。私のバス停と妹のバス停はそこまで近くありません。そして、何より困るのは時間が重なることでした。同じ時間にバスが来ても母は一人。迎えに来られるわけがありません。たとえ時間がずれていて、妹のほうが予定の時間が早くても、バスが渋滞に引っかかってしまい私の乗っているバスが来るほうが早かったなんてこともしばしば。もちろんここで優先されるのは妹。年も下ですし、妹の通う施設のほうが遠くにありますから、迎えに行くのは大変です。そこで私は、妹とバスの時間が重なる日はバスではなく、幼稚園まで母が迎えに来るということになりました。私の友だちはみんなバス通園で、しかも、途中からお迎えに変わったために待っている間、遊べる友だちはいませんでした。このときは本当に妹がうらやましく寂しかったことを覚えています。そんな私に気づいてか、母が迎えに来るのが遅くなりそうなときは、「今日Nちゃんのお母さんがお迎えに来るから一緒にNちゃんの家で遊んでいてね」と母が迎えに来るまでの間も一人にならないように、私の友だちのお母さんにお願いしていました。

それでも困るのはバスが渋滞に巻き込まれて、バスの到着が重なった日や私と妹の到着時間が逆転してしまったときです。バスの到着の遅れはその時にならないとわからないためどうしようもありません。そこで、私が降りるバス停が変更になりました。妹のバス停のある道沿いのバス停です。母は「妹のバス停は和菓子屋さんだから、ここのバス停なら遠くから妹のバスより先に円香のバスが見えたら飛んでいけるからね」と言ってくれました。それで大体は、バスの到着の順番が変わっても迎えに来てくれるようになりました。それと同時に、私の幼稚園までのお迎えもなくなり、毎日このバス停のお迎えに変わりました。バスの中からでも母が走ってくる姿は見えていましたし、本当に大変だったと思います。

それでも、母が気づかないときや、バスの到着が同時になってしまって迎えに来てもらえないときがありました。私は「和菓子屋さんにいくー！　和菓子屋さんー！」と言い続け先生たちを困らせたことをよく覚えています。毎回バスに乗っている先生は違いますが、先生方は妹のお迎えと重なってしまうことを理解してくださったようで、母がバス停にいないたび、「あの和菓子屋さんにいくね」と和菓子屋さんまで送ってくれました。

しばらくして、毎回降りるバス停が妹のバス停と同じになっていました。先生に「妹と同じバス停でよかったね。お母さんいなくて困ることないね」と言われ、初めて気づきました。妹のバス停と同じところに私のバス停もできていたのです。当時幼稚園児だった私は、どういった流れでバス停が増えたかは知りません。ですが、バス停が増えるにあたって、私の幼稚園の先生方、妹の施設の先生方、和菓子屋さんと多くの方の理解と助けがなければできなかったことだと思います。また、母の迎えが遅くなるときに一緒に迎えに来てくださった友だちのお母さん方の助けがあったからこそ、私は楽しい幼稚園生活を送ることができたと思います。そして何より母は大変だったと思いますが、決して弱音を吐かずいつもニコニコしていました。母はいつも笑顔で「おかえり」と言ってくれていたのをとてもよく覚えています。

この一つのエピソードをとってみても本当に多くの方に支えられていたことがわかります。当時は、妹を優先した生活はとても寂しく感じていました。そのため妹に対して敵対心をもっていたこともありました。ですが、私自身も成長し今までお世話になってきた方とお話する機会があったり、ボランティアで多くの方と関わったりしているうちに、普段からこうして本当に多くの方に支えられていたことに気づくことができました。支えてくださったみなさんには感謝しています。私には、自分と同じようなきょうだいが抱えている不安や、困難について理解できることが多くあると思います。だからこそ、私が本当に多くの方に支えられていた以上に、私だからできることで誰かを支えていけたらと思います。

最後に、妹が優先されることが多く寂しいと思っていた時期もありましたが、今振り返ると楽しくあたたかな毎日を過ごすことができていたと思います。寂しいと思っていても妹を嫌いだと思ったことはありません。大切な妹です。大好きな妹です。

しょうがいってなあに?

社会福祉学部四年
藤井沙耶香

「アンタの妹はねぇ、しょうがいがあるけどちゃんとアンタの妹だからねぇ」と母は笑う。「ねぇママ、しょうがいってなあに?」私の問いに母はいつも答えなかった。私には一つ年下の妹がいる。妹は施設で生活しているが、休日には必ず帰省し、その成長を見守ってきた。福祉を学ぶ大学に通って四年目になるが、いまだに『障害』を説明することはむずかしい。母もきっとそうだったのだろう。

私は、自分に妹がいることをずっと隠してきた。周りに障害について聞かれることは億劫であったし、なにより質問されることで妹が普通ではないと言われているような気がしていたからだ。だから、小学校で家族について発表しなくてはならない時間も苦痛で仕方なかった。いつも祖父母についてばかり話していた。先生や友だちから「妹さんがいたよね?」と言われるたびに心の中で溜息をつきながら「妹には障害があって、今は一緒に暮らしていないんです」と答える。すると必ずといっていいほど聞いてはいけないことを聞いてしまったという表情をするのである。可哀想に……という目。私はなによりこの目が大嫌いだった。もちろん今も。

　妹は中途障害者である。言葉を話し始める一歳の時にインフルエンザ脳症で身体と脳に障害が残った。言葉のやりとりが難しく、妹から何かを伝えてくるということはない。そして、人の介護なしに生きていくことはできない。私も妹が可哀想だと思わないわけではない。病気にさえかからなければ、今頃私とケンカをしたり、一緒に買い物をしたりしていたのだろうかと考えると悲しくて涙が出る。中途障害の苦悩とは、覚悟もなしにある日突然障害者となり、それまでの生活とはまったく変わってしまうということである。妹も例外ではなかった。妹は言葉を話し始めた時期だったため、何度も「痛い」と泣いていたと母は言う。妹は、集中治療室でたくさんの管を付けられ、茶色の蛍光灯が不気味な部屋で寝かされていたのを今でも覚えている。母以外は近付かせてもらえず、長い間祖母と経過を待つ日々が続いた。私は幼く、当時は何が起こったのかわからなかった。

　しかし、次に妹に会った時、何かとても悲しいことがあったのだと、幼い頭で理解することになる。妹は「しょうがいしゃ」になっていた。活発に動いていた手足はだらりとしており、口からは涎が垂れていた。少しずつ成長していた知的な側面での発達がそこで止まってしまっていたのだ。ずっとオムツは取れず、ご飯も自分では食べられない。この子は一生赤ちゃんのまま。私も母も、妹が施設に入るまでそう思っていた。

「スプーンを持つ練習をしてみましょうか」施設での妹の担当者がそう言ったのはいつ頃だっただろうか。正確には覚えていないが、一〇年程前、妹が一〇歳の時のことであったと思う。左半身にまひがあり、知的にも赤ちゃんレベルの妹にスプーンでご飯を食べられるようにするというのである。正直、妹と担当の方がどれほど訓練と練習を重ねたのかはあまり知らない。結果として、妹はスプーンやフォークを持って、それを自分の口へ運ぶことができるようになった。私も母も目を大きくして驚いた。「いっぱい頑張ったもんねぇ」担当の方はそう言って妹に笑った。母は、たくさん頭を下げ、たくさん感謝の言葉を伝えた。

妹の成長はそれだけではなかった。トイレへ行けるようになったのである。妹は、長い時間をかけてほんの少しずつ成長していた。会いに行けば担当の方を押しのけ私の所へやってくる。チラチラと顔を見てにっこり笑うのである。施設へ入所当時の寝たきり状態がウソのようだ。妹は、私の妹だった。わが家の次女だった。ケンカはできなくても、ぎゅっと私の手を握ってくれるこの手は妹の手だった。

姉である私にとって、妹の障害とはなんだろうか。今ではそれが当たり前になってしまったから、「しょうがい」が妹の一部であるようにも思う。姿が変わってしまって、生活も変わってしまって、確かに普通とは言えなかったが、彼女なりの成長をたくさん見せてくれている。

私は、「しょうがい」を妹の一部として受け入れた。もちろん、初めから全部というわけにはいかなかったけれど、成長と可能性を秘めている事実を受け入れることができれば、先は無限に広がると思う。障害は可哀想なんかじゃない。障害は怖くなんかない。時間は何倍もかかるけれど、成長がある、発見がある、個性と呼んでもいいかもしれない。今、障害に悩む人の、その家族の考える未来を、今よりもっと大きく広げてみてほしい。きっと、障害への考え方や関わり方が変わるはずだ。それを教えてくれた施設の方、そして何よりも妹に大きな感謝を。

最後に質問させてほしい。あなたにとって、「しょうがいってなあに?」

ほろ苦い入学式の思い出

子ども発達学部三年　古藤田有花

私は、私と一つ年下の弟と三つ年下の妹の三人きょうだいです。弟は知的障害を伴う自閉症で、幼い頃からみんなに「まーくん」と呼ばれています。まーくんは私と同じ幼稚園に通い、まーくんの担当の先生を一人つけていただいていました、小学校と中学校は特別支援学級に在籍、義務教育後は特別支援学校高等部に在籍していました。現在は就労支援継続B型を利用しています。これから、私とまーくんとのエピソードを少し紹介させていただきたいと思います。

まず、まーくんは比較的早い段階から自閉症と診断されていました。そのため一つしか年齢が変わらない私は、物心がついた頃からまーくんがみんなよりも「特別」な扱いを受けていること、「特別」なサポートが必要であることはわかっていたつもりです。まーくんの障害のことに関して、当時の私が両親からどのような説明を受けていたのか全く覚えていないのですが、小学校に入学する前から障害に対してしっかりと理解はしていなかったにしても、「まーくんは自閉症という名前の障害がある」となぜか頭に入っていました。そして、私にとってはまーくんが弟ということが当たり前だったので、きょうだいに障害があることに関しても特に何も感じていませんでした。

私が小学生になると同時に、まーくんは私が通っていた小学校の隣にある一年制の幼稚園に通うようになりました。専業主婦であった母もその年の秋頃から仕事を始めることになったため、母はまーくんと一緒に歩いて幼稚園まで行くことができなくなりました。このことを機に、私は両親に頼まれ二キロ以上先の学校まで、まーくんと二人で登下校するようになったのです。手をつないで道路側を自分が歩くこと、決まった場所に車が停まっているとタイヤやナンバープレートが好きなため寄り道してしまうから気をつけること、英単語が気になり始めたから一緒に勉強しながら歩くこと等、まーくんと登下校をするようになると、私はそれらのことを自然と考え出し、心がけるようになっていました。この登下校は私が小学校を卒業するまで続きました。また、私が卒業してからの一年間は、まーくんと妹の二人で毎日登下校していました。また、妹が友だちとクリスマス会をするから、家族は仕事や外出で他に見る人がいないから、といった理由でまーくんとのお留守番を頼まれたこともありましたが、「きょうだいだから仕方ない」と考えていました。

そのように、まーくんとのことに対して何事もポジティブに思っていた私にも一つだけ苦い思い出があります。

その出来事は、まーくんの中学校の入学式での一コマです。私は緑がいっぱいの中学校に通っていましたが、一学年が七〇人ほどの小さな学校でした。三つの小学校から卒業してきた子どもたちが一つの中学校にやってくるのですが、私もまーくんも一学年一五人程度の小学校出身です。まーくんのことをよく知らないまーくんの同級生、上級生が中学校には多くいました。まーくんたち新入生が入学式の行われた体育館から退場し、私たち上級生が自分のイスを持って教室に戻ろうとしたとき、その出来事は起こったのです。少し離れたところで同級生の男の子二人が笑っていました。よく見ると、一人の男の子が片足を引きずりながら歩く動作をしていて、もう一人の男の子がゲラゲラと笑っていたのです。そのやりとりを目にしたとき、私は頭に重いものが落ちてきたような衝撃を受けました。そしてすぐに気づきました。「彼らはまーくんのまねをしているのだ」と。まーくんが入学したときに、まーくん以外に特別支援学級に在籍する生徒はいませんでしたし、まーくんには特にてんかん等やまひがあるわけではありませんが、足を少し引きずって歩きます。そのため、そのような歩き方をするのも私にはまーくんしか思い当たりませんでした。

今振り返ってみると、彼らはもしかすると、まーくんのまねなんてしていなかったのかもしれません。しかし、当時の私にはまーくんのまねとしか思えませんでした。私が何よりもショックを受けたのは、まねをしていた男の子が私と同じ小学校出身で、私とも私の親とも非常に仲の良かった人だったということです。「あの人は小学校から一緒だったのに、まーくんのこと少しは知っているはずなのに、何も理解していないんだ」と、私は悲しい気持ちでいっぱいになりました。このとき私は、ちがう小学校出身の友だちにその出来事を少し話しましたが、心が晴れないまま帰宅しました。

家に帰ると、入学式から帰ってきていた母が、私に「まーくんのこと、みんなに説明しないでいいって学校に言ったけどいいよね」と言ったことを今でも覚えています。その日の出来事もあり、まーくんのことについていつもより少し敏感になっていた私は「なんで説明してくれないの⁉　説明しないとだめだから」と言ってしまったのです。母は私のこの発言に特に何も言わず、すぐに学校に連絡し説明をお願いしてくれました。その後、私は二階のトイレに隠れて数時間声を殺して泣きました。まーくんのことをまねされ笑われ、理解してもらえなかったことが悔しかったのと、あのとき男の子たちに何も聞くことも言うこともできなかった自分が悔しくてたまりませんでした。また、私やまーくんのことを考えずに、まーくんのことをみんなに説明しないと選択していた母と学校にも、その日の私は嫌悪感を抱いていたのです。私がまーくんのことで悔しかった、悲しかった思いをして泣いたのは後にも先にもこの日だけでした。

翌日、私は学校に登校し朝学活で担任の先生からまーくんのことを聞きました。「少しみんなよりも助けが必要な子が新入生にいます」とひとことのみのお話でした。今の私ならその説明でも十分だと少し思えるようになりました。小学校の時は、まーくんのことについて特にみんなが説明を受けていたわけでもありませんし、その説明で納得できます。しかし、当時の私は「なんでまーくんの障害のことを障害名とか含めてしっかりみんなに言ってくれないんだ」と、前日よりも学校への絶望感を一人味わったのです。その後の私は、このことに関して、「もう学校なんて期待できない」とあきらめてしまい、ここで味わった悲しみも苦しみも悔しさも全部心の奥に封印してしまいました。そして現在に至っています。

私にとっては少し苦い思い出となってしまいましたが、まーくんは中学校在籍時に様々な出会いや経験をすることができました。特に、中学校時代ずっと取り組んでいた漢字検定の受験に関しては、まーくんが特別支援学校高等部に進学してからもずっとチャレンジしていたのですが、私たちの妹がまだ中学校に通っていたため母校で受験する機会を設けていただきました。そのときに、まーくんが漢字検定五級に合格できたこと、私自身も非常にうれしくて昨日のことのように思えます。

最後に、まーくんにたくさんの景色を見せてあげたいと奮闘し、今日まで私たちきょうだい三人に同じだけ大きな愛情を注いできてくれた両親と、一緒に暮らしている祖母には感謝の気持ちしかありません。まーくんの中学校の入学式のエピソードを書かせていただくことで、これまで私が両親をはじめとする家族にも話したことのない、心の奥にしまっていた気持ちを皆さんにお伝えできたのではないかと思います。このことを私の家族が知ることで、もしも、まーくんや私のことを思って傷ついてしまったらという気持ちも少しだけあります。ただ、時も十分に経ち、私も物事をポジティブに考えることができるようになりましたので、「この子にも実はこんなことがあったのか」といった程度にとらえてもらえたらうれしいです。

今回この本に寄稿する機会をいただけたことに感謝しています。自分自身の苦い思い出を客観的に見直すことができ、つらい思い出から一歩前進できたのではと思います。この小さなエピソードが他のきょうだいさんや家族の方、周りの方や皆さんの心に少しでも響くことができたのなら本望です。

一緒にいたくない……

子ども発達学部三年　赤尾勇斗

私には、二つ下の弟がいます。名前はたっくんと言います。たっくんは今年度特別支援学校を卒業し、来年度からは地元の就労継続支援に働きに行きます。たっくんは動くことが好きで音楽に合わせて体を動かしたりします。月に一回近くの公民館で太鼓の練習や、フライングディスクをしたり、地元や隣の市で行われているシティーマラソンにも毎年出場しています。また、ゲームも大好きで私が朝起きるとすでにゲームをしています。私がゲームを貸すと三日でクリアということも少なくありません。一人で遊ぶこともありますが、私が休みの日には二人で映画館や買い物に行ったり、家で一緒にゲームをしたり〝じゃれあったり〟しています。仲の良いきょうだいと思われますが、実は私が弟がどのようなことをしているのかを知るようになったのは高校二、三年生の頃からで、二人で遊びに行くなんていうことは私が大学生になってからのことです。それまでは全く弟と関わったりしませんでした。

私は大学生になるまでたっくんのことは嫌いでした。「たっくん」という言い方もただ親の呼び方に合わせていただけでした。家族みんな「たっくん」と呼ぶので仕方なく呼んでいました。私のこれまでの人生はたっくんがパニックになって、たっくんから被害を受けないようにと気にしながら過ごしていたと言えるのかもしれません。

私が小学三年生の頃、たっくんは私と同じ小学校に入学してきました。毎朝、通学団で弟と手をつないで学校まで行っていました。たっくんは普通の子と違っていて、その行動や言動は周りの人から注目を受けやすく、同じ小学校にいる限り、通学団で登校する時はいつもたっくんの隣にいなくてはならないので、通学団にいる他の生徒たちとあまり話すことができませんでした。だからたっくんと一緒にいると、とても恥ずかしく、毎朝嫌で嫌で仕方ありませんでした。たっくんが体調不良で学校を休んだらどれだけ楽で楽しく学校に行けるか、と思っていました。学校内でもたっくんに会っても知らんぷり、早く立ち去ってくれと思うこともありました。家に帰ったら、ゲームのことやたっくんが私をつねることが原因で、ほぼ毎日ケンカしていました。当時の私は友だちが家に来て一緒に遊ぶことが本当に楽しかったのですが、家にたっくんがいると考えると友だちとの遊びに集中できず、「たっくん、来ないでくれ、邪魔しないでくれ、家から出て行ってくれ」と毎回思っていました。また、小学校生活で一度、友だちにたっくんのことをバカにされたことがあり、さらに嫌いになりました。「〇〇の兄弟がうらやましい、代わってほしい、たっくんの障害治らんかな」と考えることもたびたびありました。

私が中学三年生の頃、たっくんが私の通っている中学校か特別支援学校のどちらに進んでほしいか母に聞かれたときに、私は特別支援学校に行ってもらいたいと強く言いました。なぜなら、私が小学生の頃みたいにまた面倒を見なくてはいけなくなるし、もしかしたらまた友だちにバカにされるかもしれない、当時所属していた野球部の活動にも支障が出てしまうと思ったからです。本当にたっくんと一緒にいることは嫌でとにかく離れたかったのです。結局、たっくんは特別支援学校に進学し、たっくんと離れることができました。学校も違うということでお互い距離ができ、話すことも関わることもほとんどなくなり、ケンカも少なくなりました。

そして私は高校生になり、進路を考えるようになりました。その頃、母とたっくんの特別支援学校での生活の話をしていて、たっくんが特別支援学校に行ったおかげで親でも教えることのできなかった靴紐結びができるようになったと聞きました。私はそれまでたっくんの学校生活について何も知らなかったのですが、この話を聞いてはじめて、たっくんはまだ靴紐も結べなかったということを知りました。さらに、私は母から「特別支援学校でできるようになったことはまだまだたくさんある、あなたも人のために助けることができる仕事に就きなさい」と言われました。

その後、たっくんの通っている特別支援学校の文化祭に行って、たっくんのこれまで見たことのない笑顔や一生懸命に劇の主役をやっている姿を見たり、たっくんの担任の先生から、「たっくんは頑張っている、クラスの人気者だ」と聞き、私はまさか、たっくんがここまで成長しているとは思っていなかったので驚くとともに、特別支援学校の先生はどんなふうにたっくんと関わってきたのか疑問に感じました。文化祭ではたっくんの他にも、さまざまな障害のある生徒さんたちの姿を見ることができました。私は彼らに対して驚愕よりかわいさを感じました。そこから特別支援学校の先生がいろいろな障害のある子どもたちと関わっている姿を見て、特別支援学校の仕事に興味をもち始めました。また、そこで成長しているたっくんの姿を見て、私も他の障害のある子どもたちの成長の力になりたい、たっくんを成長させてくれた先生へ恩返しをしたいと思いました。

それから私はこの日本福祉大学に入学し、そこで「きょうだいの会」の存在を知りました。私はそれまで兄弟姉妹に障害があるという方の話を聞いたことはありませんでした。そこで、先輩たちは兄弟姉妹の自慢話をしていたり、兄弟姉妹に関わる悩み事について他のきょうだいにアドバイスをするなど、きょうだいのさまざまな気持ちやエピソードを聞きました。私は「きょうだいの会」に初めて参加して、先輩たちの悩み事が自分と似ていることに気づくことができたり、先輩方の苦労話を聞いて、たっくんは恵まれた環境にいると感じることもあり、とても充実した時間を過ごすことができました。私はそこでたっくんの存在の大きさに気づくことができました。たっくんはすごい弟だということがわかったのです。それまで他の障害がある人もみんな同じだと正直思っていました。こだわりや性格もほとんど同じだと思っていた私には先輩たちの話は衝撃的でした。たっくんは私にとってとても大切な存在であり、たっくんは私をいやしてくれる、かわいい存在だということにようやく気づくことができたのです。このことをきっかけに、私はたっくんとの関わりを反省し、できる限り関わろうと思い始めました。この変化にたっくんも気づいたのか、私との距離が縮まり、一緒にいるときの笑顔が増えました。

私は大学に入ってから、たっくんの良さに気づくことができました。嫌いな時期もありましたが、今思うと、私の人生はずっと何らかの形でたっくんのことを考えながら過ごしていたのかもしれません。私だけでなく、おそらくきょうだいのことが嫌いだと言う人は少なくはないと思います。私も弟の良さに気づき仲良くなったのは私が大学に入ってからで、とても長い年月がかかりました。私と同じ立場にいる方、兄弟姉妹の良さについて考えてみませんか。兄弟姉妹は世界でたった一人の兄弟姉妹です。兄弟姉妹の良さに気づくことであなた自身変わることができると思います。私の場合は、変わったことで障害児や障害者の方と関わるバイトをするようになりました。変わることができたから他の障害をもっている方ともっと関わりたいと思えたのです。深く考えなくてもいいです。まずはきょうだいの特技を知るだけでもいいと思います。それだけでも兄弟姉妹の良さを知ることができます。兄弟姉妹のためにも、あなた自身のためにも考えてみてほしいと思います。

私と妹

社会福祉学部四年　M・C

きょうだいの会を通して

今回このような、機会をいただけたことをうれしく思います。私は今まで、妹のことについて話をしたことがありませんでした。大学に入学し、きょうだいの会に出会ってから、様々なきょうだいの話を聞いて、同じ悩みをもっていたことがわかったり、妹と同じ障害のあるきょうだいの話を聞いて共感することができたことで、妹のことをさらに考えるようになりました。

きょうだいの会に参加する前までは、妹の障害を隠してきたわけではなかったのですが、どこか妹に障害があると言いづらいと感じていました。きょうだいの会に参加したことが、妹の障害と向き合うきっかけになったと同時に、以前よりも妹のことを気にかけ、元々かわいいと思っていた妹のことがますますかわいく感じるようになりました。また、妹との関わり方が変わって、自分の中で妹の存在が大きくなった気がします。

妹が生まれた時

私の妹は四つ歳が離れており、私にとって待望の妹でした。妹は生まれてすぐにダウン症という障害があることがわかりました。妹は生まれてから約半年間は病院に入院し、母は妹につきっきりで、二人とは離れた生活をしていました。妹が生まれてすぐに周りの大人から「妹は少し体に悪いところがあるから、手術しに大きな病院に行った」と言われていました。でも、私にとって初めてのきょうだいだったので、生まれたら長期間入院するのは当たり前だと思っていました。しかし、妹のお腹に手術のあとがある姿を見て、かわいそうと感じ、妹は何かが違うということに気づき始めました。妹が退院してから家に来た時、家の中で一緒に生活していたペットの犬を外で飼うようになったり、私の生活には少しずつ変化がありました。多少の戸惑いがありましたが、妹と一緒に生活できることがうれしくてたまらなかったのはよく覚えています。

きょうだいゲンカ

妹とは、あまり大きなケンカをしたことがありません。だからこそ、きょうだいゲンカに少し憧れている部分があります。それでも、数少ない妹とのケンカの中でよく覚えていることがあります。

私が小学校に入った頃、妹と言い合いになり、手まで出してケンカしました。もう一〇年ほど前のことになりますが、その時一番衝撃的だったのは、妹に髪の毛を思いっきり握られ、引っ張られたことです。あまりの痛さに私は大泣きして、本当に頭がはげてしまうと思いました。私は悔しすぎて妹の頬を叩き、その後母に「お姉ちゃんだから我慢しなさい」と怒られました。原因は、おもちゃの取り合いでした。その頃、妹と私はまだまだ母に甘えたい時期で、なぜ妹だけと考えはじめていた頃で、私はいつも我慢しているので「今日こそは負けたくない」と思っていたのです。その頃から私は、「妹になりたい」と言っており、一方妹は「お姉ちゃんになりたい」と言っていました。

また、幼い頃、妹とはよくおかずやお菓子の取り合いをして競争することもありましたが、妹が小学校に入った頃事件がおきました。その日は、から揚げの取り合いをしていて、二人でから揚げの早食いをしていました。ふと妹の顔を見ると、顔色が真っ青で苦しそうにしていました。から揚げを喉に詰まらせてしまったのです。慌てて母を呼びましたが、母の顔はこれまで見たことがないぐらい必死で怖い顔でした。母は、妹の口に指を突っ込んだり、背中を思いっきり叩いてから揚げを取ろうとしました。私は怖くなって、泣きながら近所のおばさんを呼びにいったのを覚えています。その後、近所のおばさんは、妹を見て「掃除機で吸った方がいいよ」とか、「救急車呼ぶより自分で行った方がいいよ」などいろいろなことを言っていて、子どもながらに大人でもパニックになるのだと感じていました。最初はすぐ取れるだろうと考えていました。しかし、大人の焦っている姿と、なかなかから揚げが取れず妹の顔がだんだん真っ青になっていく姿を見て、競争して食べたことを後悔して、妹の周りを行ったり来たりすることしかできませんでした。

結局、妹を抱えて車に乗せるため玄関を出ようとしたとき、口からポロッとから揚げが出てきて事なきを得ました。その事件以後、母があきれて私を怒らない姿に、反対に怖さを感じ、妹との食べ物の取り合いはなくなりました。

小学生になった妹

妹は私と同じ小学校に入学しました。妹が初めてランドセルを担いだ時、重かったからか漫画に出てくるように、きれいに後ろにひっくり返りました。その姿に、私は思わず爆笑して妹に怒られたのを覚えています。筋力の弱い妹にとってランドセルを背負って通うのは大変だったのではないかと思いますが、妹はランドセルで学校に行くことにこだわり、六年間ランドセルで通いました。

正直私は、妹の入学をうれしいと思った反面、不安でたまりませんでした。妹が障害者だということを周りの人はどう思うのだろう、妹はいじめられるのではないかなど、不安がありました。しかし、いざ妹が入学をすると、妹は同級生や先輩からもかわいがられていました。集会や体育の授業、給食時など、クラスの子に声をかけてもらいながら、笑っている妹の姿を見て、とても安心しました。それでも、妹のことが心配で、部活帰りに妹の担任の先生の所に行き、「忘れ物を確認しに来た」と言って妹の様子を聞いたり、家での様子を先生に話したりして、いつも安心して帰ったことを覚えています。

その一方、私は、妹が学校で「お姉ちゃん」と声をかけてくるのが恥ずかしくて、冷たい態度をとってしまうことが多かったと思います。妹が障害をもっているから恥ずかしいと思うのと、全校生徒が妹のことをほぼ知っている状態で、「あれがあいつのお姉ちゃんか」と思われることが嫌でした。また、妹の同級生から妹の失敗したことを言われたり、弱虫だった妹が学校で泣いたことを言われたりすることが姉としてとてもつらく、学校では妹と関わることが嫌でした。

現在の関係

そして現在、妹は高校生になりました。私は、実家から離れ、一人暮らしをしながら大学に通っています。私は妹をきっかけに多くの障害のある方と出会い、障害者の支援についてもっと知りたいと思い福祉を学ぶことに決めました。今まで普通の妹と思って生活してきました。しかし、妹は許されることでも私は許されないことが多くあり、それは妹に障害があるからだと思っており、妹の障害を恨んだこともあります。小学校の頃は、家ではかわいい妹でしたが、学校では妹の存在が嫌だと感じており、自分の中の矛盾でイライラして妹を避けてしまうこともありました。しかし、妹の存在によって、この進路を決意したのは間違いありません。私にとっての妹はとても大きな存在で、今はかわいくて仕方ないです。

障害のある人のきょうだいと言われても正直今でも、ピンときません。妹は「障害者の妹」ではなく、私にとってはただの妹ですから。ですが、いまだに妹の障害のことを言えない時があります。「みんなに障害者の姉として見られ、かわいそうだと思われるんじゃないか」と思う気持ちが大きいからです。また、妹のことがかわいいとは思っていても、どこかに恥ずかしいと思っている自分もいるのではないかという葛藤があります。しかし、妹はただ一人の私の妹です。この原稿を書いている今、自分の中の妹への想いや感謝の気持ちが浮かび上がってきたようにも思います。これからも、妹を大切にしていきたいです。

兄の存在

子ども発達学部二年　沼野純子

私には、七歳離れている兄がいます。産まれた時から兄がいる環境で生活をしていることが当たり前であり、兄がいることによって、みんなで支え合う生活があり、家族みんなが仲良くできているのかもしれません。それぐらい兄は、私や家族にとって大切な存在です。

私の兄は、重度の知的障害を伴う自閉症があり、現在は、地元の生活介護施設に毎日通い、日々自立に向けて支援を受けています。その兄が身近にいたことから、特別支援学校の教員を目指すようになり、兄のおかげで将来の道を開くこともできました。しかし、このようにプラスに考えられるまでには長い時間がかかりました。

小さい頃、私の記憶にはないですが、親から「お兄ちゃんには自閉症という病気があってね、だからみんなと違うんだよ」と話をされました。しかし、小さい私にとってはそれが理解できないまま成長していきました。その当時、私にとって、兄は家族であり、たった一人しかいない普通のきょうだいとしての存在でした。しかし、小学校時代には兄のことをからかう近所の同級生や、「自閉症のきょうだい」とひたすら私のことを呼んだ学校のクラスメイトがいました。どうしてこんなことを言われなければならないのか私は全くわかりませんでした。しかし、だんだん年齢が上がっていくにつれ、言われていた原因がわかるようになりました。それは、兄が普通の「きょうだい」と違ったからです。兄が普通のきょうだいと何か違うと気づいていくにつれ、「なんで私には普通のきょうだいという存在がいないんだ」と思い、兄のことが嫌いになりました。イライラしていた私は、兄が言葉を発せないのをいいことに、兄の体をつねったり、蹴ったり、死ねと言ったこともありました。しかし、それをするたびに親にはものすごく叱られました。だから余計に「兄ばっかりかばって」と思いまた反発をする、ということをくり返していました。私のこの行為はエスカレートしていきました。親の前ではやらずに親の見ていないところで行うというイジメ。親には、「どうして普通のきょうだいを産んでくれなかったんだ」、「お兄ちゃんなんかいなくなればいい」と八つ当たりをしたこともあります。しかし、そのたびにまた怒られました。当時、中学生になっていた私は、近隣の同級生に兄を見かけられるだけで、学校で兄について何か言われるストレス、家に兄がいるというストレスを抱え、誰も自分の気持ちをわかってくれてないと思い「孤独」になりました。恐らくこの時期が、私の人生の中で一番つらかったと思います。

孤独のまま、中学三年生になって受験を控えた頃、高校を選ぶ際、地元の高校に入学するとまた周囲から兄のことを言われ続けると思い、家から電車で片道一時間の高校を志望しました。結論を言うとこの高校を選んで正解でした。出身中学校から一人しか行かなかったことで、高校の同級生は私を知る人はおらず、新たな環境で再スタートできました。友人にも恵まれ、障害の理解もしてくれて、妹に障害がある友人もいて意気投合するなど、私の中で高校はかけがえのない場所となり、「孤独」ではなくなりました。一つ自分の中のストレスが消え去ったことにより、兄とも向き合えるようになり、自分の気持ちを理解しようと思うようにもなりました。自分の気持ちと向き合っているうちに、小さい頃は私だけが兄のせいで苦しんでいると思うぐらい、周りに話せる場がなかったことに気づきました。そして、私のように周りに相談ができず「孤独」となっている、または、「孤独」に陥りそうなきょうだいや、その家族をサポートできたらと思うようになり、特別支援学校の教員を目指すようになりました。兄のおかげで将来の具体的な夢をもつことができるようになったため、今ではとても感謝をしています。

最近になってからですが、親とも関係が上手くいくようになり、今では小さい頃の兄の様子を聞いたり、兄を育てた苦労の話を聞いて涙をすることも多々あります。兄にも私がいたから我慢をさせており、母から、兄が一時期通常の保育園に通いイジメられていたこと、その当時の保育士たちは何も対応をしてくれなかったというつらいことがあったと知って、障害児者へのサポートの重要さを痛感しました。しかし、正直に言えば、親には私が物事をはっきり理解ができる年齢になった時に、兄の障害についてもう一度説明をしてほしかったなと思うところです。兄弟姉妹に障害があるきょうだいにはつらいことを経験した人も多いと思います。きょうだいは人間としてある意味強くたくましくなるのではないかと思ったりもしますが、つらい時には助けてほしいというのが本音です。

何はともあれ、私は、今が一番幸せで、自分らしく、楽しく生活することができているので、これからも今の家族の関係が続けばいいなと思います。

私は、毎日仲良く、笑顔の絶えない生活を送っていて楽しいです。いつもそこには兄がいます。家族を笑顔で照らしてくれる兄がだいすきです。

うちから施設へ
妹の成長

子ども発達学部二年　下出　隼

私には、高等部二年に通う重度の知的障害を伴う自閉症の妹がいる。家にいるときは決まった時間にご飯を食べ、お風呂に入り、お気に入りのプリキュアの録画ビデオをくり返し見ている。私が家にいて見たいテレビがあるときは、妹がくり返しプリキュアを見ているときでも、ビデオを消して好きなテレビを見ていた。そうすると必ず母に怒られていたし、妹もパニックになり怒っていた。そういうときは、自分ばかり我慢をしていて、妹ばかりいい思いをしているような気がして腹立たしかった。

大学に入るまでは、妹のことをずるいと思っていた。妹がずるいと思う理由はたくさんある。ご飯を食べたあとは後片付けをしなくてもいいし、歯磨きも母が妹にしてあげていた。妹のことをほとんど母がやっていたのだ。そんな妹のことをうらやましく思っていたし、いなくなればいいと嫉妬したりもした。その一方で、妹が絵を書いてほしいときや、お菓子の袋を開けることができなかった時に、たまに私を頼ってくれたときは、うっとうしいと思いながらも、ちょっぴりうれしかったことを覚えている。

しかし、そんな妹と今は一緒に暮らしてはいない。今、妹は入所施設から学校に通っている。施設に入ってしまった原因は生活のリズムが崩れてしまったからだ。リズムが崩れたのは、私が高校から部活をはじめ、家に帰る時間が決まっておらず、ご飯を食べる時間やお風呂に入る時間、寝る時間がその日その日によって全く違ったからである。私の妹は、決まった時間に決まったことをしないとパニックを起こしてしまうため、私の生活リズムの乱れがストレスになってしまい、家に居づらくなってしまったのだ。また、そのときに妹が思春期であったことも原因の一つである。今まであまり親に反抗をしたことがなく、おとなしかった妹が、高等部に進学する前後になると母の言うことを聞かず、反抗するようになった。妹は嫌なことがあると自分の腕を噛み、母の腕を噛むようになっていた。今まで通りの生活で反抗期がきていれば、まだ、施設に行くことなく家族そろって生活することができていたと思う。しかし、私の生活リズムの乱れも加わったことで、ストレスの限界がきたのだと感じている。その当時、妹は学校が終わってからデイサービスに通っていた。学校が終わってから、個別レクリエーション活動や自立支援に向けての機能訓練等をうけて楽しく過ごしていたらしい。そのため、家にいてつまらないときにはデイサービスに「行く!!」とずっと言っていた。こうしたこともあって、母は家にいるより施設へ預けたほうが妹のためになると思い、妹を施設に預けた。妹が施設に入ってからは家が静かになり、母の負担は少なくなったが少し寂しいと感じた。今になって考えると、妹がいるとうるさかったし我慢することが多かったが、楽しい毎日だったと思う。

施設に入ってからは、母が週に一度施設へ行き、地元のショッピングセンターで妹と一緒にご飯を食べている。私が暇な日はたまに会って少し話す。前に会った時に、私が自分を指さして「この子だれ?」と言うと、妹が私の名前を呼んでくれたので、「覚えてくれている」と思ってうれしくなった。また、妹の学校の行事があり、母に誘われた時には、たまに一緒に見学に行っている。前に参加した行事は運動会だ。ここでの出来事がとても印象深かった。運動会では、妹と一緒に二人三脚に出場した。また、パン食い競争やボール運びなどをしている姿を写真に撮った。午前中で運動会は終わり、昼食を家族で食べた。食べる様子は家にいた頃と変わらなかったが、食べた後に自分から片付けをしていることと、歯磨きをしていることに驚いた。家にいた頃はすべて母にしてもらっていたのに、妹が自分から取り組んでいて、妹も成長しているのだと思い、兄としてうれしく感じた。また、家にいた時は母が身の回りのすべてのことをしていたため、自分からすることがなく経験がなかったためにできなかったのだとも思った。そういう意味では、施設ではプロの支援者がずっとそばにいて、妹を少しでも自立的に動けるような方向へ導いてくださっているのだと思う。

しかし、施設では支援者がずっとそばにいてくれて妹も自分のことを進んですることができているが、家に帰ってからそのような生活が送れるかはわからないので心配でもある。私も自分のことで忙しく、妹と会う機会があまりないし、自分が高校に入って妹が反抗期になってからは積極的に関わっていなかった。そのため、もし、妹が家に帰ってきたらと思うと、正直妹のことをよくわかっていないので少し不安である。

そうしたこともあって、今は障害について少しでも多く学びたいと思っている。また、サークルやボランティア活動で、障害のある人やその家族と関わることを通して、適切な関わり方や必要なケアについて学びたいと考えている。日本福祉大学のクローズの会には、私のように兄弟姉妹に障害のある家庭の先輩たちが集まっているので、これからも、自分の身の回りで起きた出来事を共有し、きょうだいのもつ不安や家庭での不安を少しでも減らしていけたらいいと思っている。また、きょうだいに関心のある学生が集まるオープンの会では、実際に障害者のいる家庭の話を聴いてもらうことで、障害者への偏見をなくすことができたらと思うし、障害者のいる家庭の実際について少しでも知ってもらいたいと考えている。

スーパーアイドルの誕生秘話

子ども発達学部三年　加藤　睦

わが家のスーパーアイドル、名前は蒼。私の自慢の弟である。「蒼々と茂る草木を見て人の心が癒されるように、周りの人を癒すような存在になりますように」と父と母に名づけられた。一七八センチ、八八キロという巨大な体ではあるが、その名の通り、弟はわが家に癒しと笑顔をくれる。まさに癒し系アイドル!! ご機嫌MAXのときの口癖は「にゃー」。満面の笑みを浮かべて猫のように「にゃー」と言う。そんな弟の姿を見るだけで、私たちはいつの間にか笑顔になり、幸せな気分になる。

しかし、弟が癒し系アイドルになるまでの道のりは決して簡単なものではなかった。

弟の抱える障害は重度の自閉症と知的障害。自分で決めたルールやこだわり、聴覚過敏、コミュニケーションの障害などがある。弟は幼い頃、自分の頭を手で叩いたり、壁や床に叩きつけたりすることで怒りや苦しみ、想いを表現していた。また他害がひどく、母や私が標的になることが多かった。気持ちをわかってあげたくても、まだ幼かった私はどうすればいいのかわからず、暴れる弟を見て「怖い」と思ってしまっていた。弟を押さえつけながら泣き叫ぶ母の後ろ姿を今でも鮮明に覚えている。ただ見つめることしかできない自分の無力さを初めて思い知った瞬間だった。

そして……気づいたときには、わが家は弟中心の生活になっていた。ここでは「アイドル」というよりは「王様」と言った方が良いだろう。母は弟の機嫌を常にうかがい、叱ることさえできなかったそうだ。私は「お姉ちゃんだから貸してあげて」と、これまでいろいろなものを弟に奪われた。テレビ、本、おもちゃ、さらには父や母と過ごす時間まで。当時はあまり気にしていなかったが、今思うと私は子どもながらに我慢することが多かったように感じる。

一番に思い出されるのは、家族でのお出かけである。遊びに行くときも買い物に行くときも、その日のスケジュールは弟の機嫌によって変化する。待つこと・人混み・騒音が苦手な弟にとって待ち時間や刺激の多いお出かけは苦痛であり、パニックが起こりやすかった。そのため、弟とのお出かけは一瞬で終わることが多かった。買い物では、私はお菓子を選ぶことさえ催促され、どれにしようか迷っていると「蒼が待っているから早くして」とひどく怒られた。

私が駄々をこね、「まだ帰りたくない」「もっと遊びたい」と頼んでも私の言うことは聞いてもらえず、悔しい思いをしたのをよく覚えている。「なんで蒼ばっかり……」と今でも弟のことを恨めしく感じることがある。だが、決して嫌いになることはなかった。理由はわからないが、自分でも気づかないうちに頭の中では弟が「特別」であるということをすでに理解していたのかもしれない。

そのようなことを言いつつも、当時、私はまだ小学生。兄弟姉妹で仲良く遊んでいる周りの友だちがうらやましくて仕方がなかった。さらには、みんなが妹・弟に呼ばれるのと同じように「お姉ちゃん」と呼んでもらうことに憧れを抱いていた。なぜなら、一人で遊ぶのが好きな弟は私のことなど相手にもせず、一度も二人で遊んだことがなかったからである。うちは他の家とは違うということをわかってはいたものの、周りの子と同じようにしてみたいという思いは日を重ねるたびに強くなっていった。私はこの思いを胸に「もっと仲良くなって、お姉ちゃんと呼んでもらおう」と、弟に対しラブコールを送り始めた。

必要以上に話しかけたり、質問をしたり、遊びに誘ったりした。弟の好きなお菓子やおもちゃを渡して気を引こうともした。いろいろと試してはみたが、私の気持ちとは反対に弟の態度は素っ気なくいつも冷たい。話しかけても無視され、避けられる。挙句の果てには目を閉じ、手で耳を塞いで私の声を完全にシャットアウト。実にクールな男である。私の声の高さが弟の周波数に合わないのか、純粋に私のことが嫌いなのか、私を拒否する本当の理由はわからない。だが、あからさまに拒否されるとさすがに悲しいものである。

現在も同じように拒否されることはあるが、昔に比べてあからさまにではなくなったように感じる。私のことを「お姉ちゃん」と呼んでくれるようになり(要求をするときのみ)、二人で車に乗ってお出かけするようにもなった。相変わらず弟のお出かけは早いが、私たちの距離は確実に縮まっていると思う。様々な経験を通し、わがままな「王様」はわが家の「アイドル」へ。私は王様に仕える「召使い」からアイドルを支える「マネージャー」兼「ファン」へと成長したのだ。

「アイドル」にはなったものの、弟の周りでは事件が絶えなかった。一万円札やリカちゃん人形の髪の毛をコンロで燃やしてしまうという事件や自分のうんちを部屋の壁中に塗りたくる事件、金魚の水槽にぬいぐるみをつめこんだ事件、パジャマ登校事件、自ら抜糸・血だらけ事件など他にもたくさんの事件がある。その中でも、丸々一瓶のメンソレータムを全身に塗りまくるという「メンソレータム事件」は衝撃的だった。ペパーミントの香りを漂わせ、きらきらと光り輝きながら何事もなかったかのように登場した弟。今でもメンソレータムの爽やかなにおいを嗅ぐだけでそのときのことを思い出し笑いが込み上げてくる。

私たちは弟がいてくれるおかげで、他の人は味わうことのできないたくさんの貴重な体験をすることができた。わが家に笑顔が溢れているのも弟がいてくれるおかげであり、私たちは弟が行うことすべてに「一喜一笑」させてもらっている。

今年、弟は高等部を卒業した。小学部の入学式では体育館に入ることさえできず、一人教室で待っていたが、高等部の卒業式では同級生と共に、立派に卒業証書を受け取ることができた。今、振り返ってみると、弟が特別支援学校に通った一二年間はとても濃いものだった。入学当初は全く給食を食べず、怒って牛乳ビンを投げた。パニックも多く、みんなと同じ行動がとれず、一人別行動。窓ガラスを割ったり、クラスメイトにケガをさせることもあった。運動会などの行事に参加できないことも多かった。そのたびに学校の先生やドクターに助言してもらい、助けてもらってきた。大変だったことも今では良き思い出である。

「障害がなければ……」と思ったことは何度もある。父も母も祖父母も、これはみんなが一度は考えたことがあることだろう。それでも、やはり弟は弟だ。「障害があってよかった」とは決して思わない。だが、「私の弟であってくれてよかった、私の弟に生まれてきてくれてありがとう」という気持ちでいっぱいである。

これから弟は私よりも一足先に社会人となる。新しい環境に不安もあるだろう。だが、私は弟に乗り越えられない壁はないと思っている。一八年もの長い時間をかけてスーパーアイドルの座へと上りつめた弟に怖いものはない!! そして、何よりも弟には家族というファンがついている!! 家族全員の力を合わせ、どんなことが起きてもまた一緒に乗り越えていきたい。

弟との暮らし

障害者支援施設支援員　稲吉啓太

私には弟と妹の二人のきょうだいがいますが、二一歳になる一つ下の弟は、「重度知的障害」と「自閉症」の二つの障害をもっています。そのため、障害の程度としてはとても重く、実際、会話が成り立たなかったり、パニックになると暴れてしまったりして大変な時もあります。

しかし、私は弟のことを「障害者」と思ったことはあまりありません。会話ができなくても、暴れてしまっても、「ちょっと抜けた弟」という感じがするからです。

昔から弟は家に帰ってくると、洗濯をしたり、洗い物をしたりと兄弟の中でもいちばん手伝いをしてくれます。また、クレヨンや絵の具、時にはパソコンで車や動物などを描いたりしています。何も見ずに過去の記憶から描いているにもかかわらずびっくりするくらい面白く、上手な絵を描きます。最近では絵のコンクールにも応募し、賞をとったりしていて、絵については弟にはまるでかなわないなぁと思っています。

私の弟は確かに普通の人よりうまくできない部分も多いと思います。しかし、人より秀でた部分もあると思っています。「障害は個性だ」という意見を聞くこともあります。障害を個性と呼ぶのは何とも言えない部分もありますが、弟は個性の塊のような人であると思います。

そうはいっても、弟の嫌なところはたくさんあります。機嫌が悪くなると夜中に叫んだりすることもあれば、ちょっかいをかけたいのか、いきなり後ろから殴りかかってくることもあります。また、私のものを勝手に持ち出したり、そのまま なくなってしまうことは一度や二度ではありません。大きな声で叫んでいる弟と一緒に出かけたときには、周りの人がこっちを見て、笑われているような気分になったこともありました。

しかし、それらの経験があったとしても、弟のいいところはたくさんあるし、弟のことはとてもかわいいと思っています。普段はあまり意識して考えることではなく、当たり前の日常なのですが、弟に対する思いは心のどこかで昔からずっとあったのではと思っています。

私は現在も弟も含め、家族と自宅で暮らしています。最近でも冬の寒い時期は弟と一緒の布団で寝ることも珍しくありません。しかし、いずれ家を出ることになるかもしれない。結婚をして、遠方に住むこともあるかもしれません。そうなった時、弟は両親の死後どうやって生きていくのか。結婚相手に弟のことは理解してもらえるのか。きょうだいならではの悩みを一人で考えていたこともありました。しかし、きょうだいの会できょうだいのみんなと今まで誰にも言わなかった話をしていくことで、私のなかで改めて弟の存在の大きさに気づくと同時に、私がこれまで一人で悶々と考えていたことについて、「将来のことを今から悩んでもしょうがない。その時が来たらまたしっかり考えよう」という結論にいたりました。問題を先延ばしにしただけのような気もしますが、先のことばかり考え、不安になるよりもいいのではないかと今は思っています。

今年から私は社会人となり、私自身の生活にも、また、弟も先日利用していた施設が変わり、弟自身の生活にも変化が起きています。そのため、すべてが今までどおりというのはむずかしくなると思います。ですが、これからも弟と一緒に過ごす時間を大切にしていきたいと思います。

当たり前だけど、当たり前ではないんです。

障害者支援施設、社会福祉士
M・E

私には七つ下の弟がいます。彼は軽度の自閉症の診断を受け、障害者としての自分を受け入れて生活しています。外見的な部分から見えるいわゆる〝障害者っぽさ〟は全くなく、言語的にも遅れはありません。では何が障害者なの？　といざ言われると難しいのですが、簡単にまとめてしまえば少し要領が悪く、物事の手順を省略することが苦手で、決まったやり方にこだわりがあるような、変わった奴なのです。それでも彼は家族の中で誰よりもたくさん怒られ、学校でもいじめられてきた分、根性があり、人の心の痛みがわかる素敵な弟です。そんな彼との関わりやその環境に対して感じることを率直にここに書かせていただこうと思いますが、その前に一つ、この本を読んでいるみなさんに考えてほしいことがあります。みなさんは本書で言うところのきょうだい（自身のきょうだいに障害者がいる人）に対して、どんなイメージをお持ちでしょうか？　パッと思いつくような、簡単にでいいのでぜひ一度考えてみてください。

私の周りでは、障害者福祉への関心の有無を問わずに「大変そうだね」「面倒みてて偉いよね」といった意見をたくさんいただいています。それは皆さんからきょうだいへの賞賛や労いの意味合いが強いからこそ、出てくるイメージではないのでしょうか？　まずはそんなイメージに救われ、振り回されてきた私の今の生活について触れていきたいと思います。そのためにまず私がどんな人生を歩んできたかを説明しなければなりません。

私の家庭は、両親に年子の兄、私、そして弟の五人家族。両親はともに学校教師で、私と兄は幼少の頃、特に母から厳しい教育を受けて育ちました。いわゆる、親がやりたいことを子にやらせるような。それに反抗しようものなら、叩かれたり、なんてこともありました。弟が生まれると、上と歳が離れていたぶん両親は弟を特別かわいがりました。ほしいものは何でも与え、たくさん目をかけていました。今思えば、年子で生まれ様々なものを奪い合って我慢していた私たち二人の兄からすれば、弟の障害のことを考えてもそれは見れば見るほど本当に嫌なものでした。そして私が高校生の頃、わが家を金銭的なトラブルで手放すことになり、母はその後病気になったのをきっかけにうつ病になりました。家を手放した後、両親と弟は父方の実家に、私と兄は母方の祖母の家に移り住みました。そんな経緯で兄は両親を「人としては尊敬するが、親としては尊敬できない」として早々に祖母の家を離れ、一人での生活を始めました。私は、いろいろと目をかけてくれた祖母への反抗心から祖母の家を離れ、両親と弟の住む父方の実家に転がり込みました。大学二年の頃です。父方の実家と私たち家族はもともと馬が合わず、毎日が祖父母とのケンカで、それに巻き込まれる日々は本当に過酷な毎日でした。母はうつ症状も一向に良くならず、弟は両親に気を使ってか毎日のようにトイレで静かに泣いていました。父もそんな家庭をどうにかしたいと奮闘していましたが、唯一まともに動ける私もそんな家に帰りたくなくて、当時お付き合いしていた女性のお宅に毎日のように入り浸っていました。そして、現在はそんな父方の祖父母とはわかれ、家族四人でアパートに暮らしています。私は大学を卒業し、「地元で福祉の仕事がしたい」という夢も叶えることができました。

私の弟の障害が発覚したのが、私が中学二～三年生（弟が七～八歳）の頃です。当時発達障害というフレーズ自体全く知識がなかった私にとって、「弟が障害者だ」と親から説明を受けた内容はさっぱりわからなかったことを今でも覚えています。そんな私、当時は障害というものに対する社会のイメージも全く知らなかったわけで、当時の友人に「なんかな、うちの弟、自閉症らしいわ」と平気で話をしていました。友人たちも私同様知識もへったくれもなかったのか「へ～なんかすげ～な！」といった感じで受け入れてくれていました。かなり単純な性格だった当時の私は、友人が弟のことをよく話をしてくれるのを聞いていて「なんかうちの弟って、人と違うってことはすごい奴なんじゃないのか!?」と次第に思うようになっていきました。弟の障害が軽度であったことも大きく影響してはいますが、そんな経緯を含め私は今でも障害者である弟に関して引け目は一切ありません。むしろ中学三年生になり、猛勉強を経て高校受験を成功させた弟を尊敬すらしています。

そんな弟が過去に起こした、あるトラブルが一つ。私が父方の実家で生活を始めて半年ほど経った頃、それまで全く連絡がなかった兄から私に連絡が来ました。すると「弟が窃盗したらしいぞ」と言い出したのです。詳しく話を聞くと、兄が高校の頃から大学卒業まで働いていた、父方の実家にほど近いコンビニで、弟がお菓子を盗み食いしたとのこと。突然のことだったので、「なんで兄貴から連絡が来るんだ」と聞くと、兄がバイトを辞める際、コンビニの店長に「うちの弟、障害者なんですけど、住んでいるところも近いし、いろいろお世話になると思うんで、何かあったら僕に連絡ください」と話してくれていて、弟が盗み食いをした直後、店長から兄に連絡がいったからだそう。兄は、いつも息子たちを頭ごなしに叱る両親にはこれは任せられないとして、僕に直接連絡をくれたのでした。当時私は、父方の実家に家族のもとを離れ、自由気ままに生きているように見えた兄を相当恨んでいたので、本当に驚きました。そうして弟を部屋に呼び出し、正直に話すように促すと、泣きながら「おなかが減って、冷蔵庫にも何もなくて、お母さんも仕事で帰ってこなかったからやってしまった」と話してくれました。そうして大泣きする弟の声を聞いて飛んで来た両親に私が事情を説明し、家族でコンビニに謝罪をしたのでした。コンビニの店長さんも理解のある方で、弟が反省していることを確認すると、笑顔で「またおいでね」と言ってくださったことをよく覚えています。そうした出来事から私は「家族ってまだまだ捨てたもんじゃない」と素直に感じることができ、それまで大嫌いだった兄とも、今では二人きりで飲みに行くような仲になりました。私たち家族にとって障害者として生まれた弟は、家族をつなぐ懸け橋になってくれたんだな、なんて思います。

私たちきょうだいにとって、障害や、障害者といったフレーズは、当たり前の日常であり、それ以外の日常を知らない、感じたことがない方が多いと思います。だからこそ、こうした場で言葉や文章にすることが難しいし、何かに困っても無意識に受け流してきた、我慢してきた日常に気づけないといったきょうだいさんも多くいると思います。私もその一人です。頭脳明晰で優秀な兄、社会的ハンディのある弟に挟まれ育ってきた私にとっての日常は、他者と比べられる毎日でした。「兄は○○ができるのに、何であんたにはできないんだ」「弟も頑張ってるのに何であんたは……」といったように、私が評価されるときは必ず誰かと比べられてきました。そうすると、だんだんと自分の意思が見えなくなっていきました。「お兄ちゃんが○○をやるから僕もやらなきゃ」「お母さんに言われたから、弟のためにこれをしなきゃ」が自分の思考のすべてになっていきました。その頃は、将来の夢も全くなく高校受験も行き当たりばったりにしていました。そのことに気づいたのは大学に入る直前で、それまで自分の本当にやりたいことが見えず将来に向かっての不安や虚無感に襲われました。

私が経験した受け身な生活は、たくさんのきょうだいさんにとって当たり前であるかもしれません。しかしそれは何物にも侵害されないものであり、いつか家族の大切さに気づかされる材料にもなると思います。だからこそ絶対に忘れないでほしいことが一つ。きょうだいは一人ではありません。世の中にはたくさんの同じ立場の人がいて、同じように苦しみ、悩んでいる、またはそれを乗り越えてきた人が本当にたくさんいます。だからこそ、怖がらず、自分の当たり前に自信をもっていいんです。だってそれはあなただけの人生だし、それは私も含め、何物にも代えることはできないんです。私も、大学でたくさんの同じ仲間に出会い、思いを共有し、親や障害のあるきょうだいにとらわれない考え方に魅力を感じ、今の福祉の道を選ぶことができました。それはひとえに、人とのつながりが私を変えてくれたのだと思います。だからこそ、これを読んでいるきょうだいのみなさんや、そうではないけど、興味があって手に取ってくれた方も、人とのつながりを恐れないでほしいです。そうすることで助かる心は必ずあると思います。〝当たり前だけど、当たり前じゃない。〟難しいですが、そんな自分をたくさんの人が受け入れて生活していけるような日が来ればいいなと思います。そして、私や弟が地元で生きていけるよう、私は私の人生を、弟は弟の人生を楽しめるようにしていきたいと思います。

知的障害への偏見がなくなる社会へ

社会福祉法人富士旭出学園 生活支援員
望月彩花

私の二つ年下の弟は小学校一年生の時に自閉症という診断を受け、小学校四年生から中学生まで特別支援学級、高校は特別支援学校に在籍していました。三年生までは私と一緒に学区の小学校に通っていましたが、特別支援教育体制のない学校で授業をまともに受けていられないことから他の市内の学校に転校しました。

私の通っていた小学校は規模があまり大きくなかったため、知的障害のある児童は少なく、また弟ほど多動な児童がいなかったため、学校側はひどく手を焼いていたのだと思います。その結果、自宅から遠い学校への転校を余儀なくされ、小学校時代は祖父が送迎し学校へ通っていました。

自閉症といっても様々な障害特性や知能指数に差があります。弟は知能指数が決して低いわけではありません。生活していく上で支援することも少なく、大抵のことは自分ですることができます。しかし、弟は人とのコミュニケーションを取ることが非常に苦手で、対人関係のトラブルの多い子です。自閉症の特徴である社会性の障害、コミュニケーションの障害がとても目立ちます。ただ、得意な絵を描くことやゲームの話で、友人と関係をつくっていくことができます。私の誕生日には毎年イラストを描いてお祝いをしてくれたり、知り合いの子どものためにクリスマスプレゼントを買ってあげたりする優しい一面もあります。

高校生までは弟も私もお互いに突っかかってしまい、ケンカに発展することもありました。弟に小さなことを注意するだけで、弟は大声をあげ、時にはパニックを起こしたり、私を叩いてくることもあり、私も注意したことを理解できない弟にいらついてムキになってしまうこともありました。しかし、私が大学に進学して一人暮らしをするようになってから、弟とメールをしたり、帰省した時に仲良くゲームをしたりするようになりました。お互いに大人になったと感じています。

私は大学に入学するまで、自分と同じように兄弟姉妹に障害がある人と話をしたことがありませんでした。私は弟のことを隠したりしないので、大学に入学してから出会った友人に弟の障害のことを話したところ、友人も同じきょうだいであることを明かしてくれました。日本福祉大学には私と同じようなきょうだいがいることを知り、他のきょうだいと話してみたい、私の話を聞いてほしいと思ったことがきっかけできょうだいの会に参加するようになりました。また、少しでもきょうだいという存在を多くの人に知ってもらい、障害のある人だけでなくその家族のことも気にしてほしいという気持ちもあったので、自らがきょうだいとしての活動の輪を広げていこうという思いもありました。

きょうだいの会は弟のことをためらわずに話せる場であり、共感をしてくれるきょうだいがいることが私にとって大きな意味をもっていました。弟のことを友人にもよく話すのですが、家族に障害のある人がいるという状況やその悩みを共感してもらうことはむずかしく、弟に対する悩みを打ち明けることがあまりできません。きょうだいの会では気にせず悩みや困っていることを話すことができるうえ、他のきょうだいはどんなことで困っているのかを聞くことができるので、お互いに濃密な意見交換や共感を得ることができました。弟のことを話す場があり、同じようにきょうだいが悩みをもっていることを知ることで、きょうだい同士の仲間意識をもつことができ、一人できょうだいのことについて悩むことはなくなりました。また、他のきょうだいの話から学ぶことが多くあり、弟との関係や、家族との関係を見直すことができて、毎回私にとって有意義な時間を過ごすことができました。

私がきょうだいの会に参加していた時によく話題にしていたことをお話ししたいと思います。私の弟は見た目だけでは障害があると判断できないため、かなり誤解を受けやすいです。例えば、弟は子どもが好きで、小さい頃から自分より幼い子を見かけるとつい触りに行ってしまうこともありました。弟が中学生の時に、赤ちゃんを抱いた女の人を見かけたらしく、遠くから赤ちゃんを見ていたところその女の人に通報され、交番に連れていかれて大パニックになったことがあります。それから弟は、いつも小さい子を見るとにこにこしていたのに、笑いながら小さな子どもを見ると悪いことをしていると思われると考えてしまったのか、子どもを睨むようになってしまいました。

弟には中学に上がった時に母と私から自閉症について伝えました。その当時は、弟は自分に障害があることを認められず、かなりパニックになってしまいましたが、成人式を迎えた今、ようやく認めることができたそうです。しかし、弟はかなり自尊心が低く、「自分は人間の劣化版」や「周りの人はみんな自分のことをばかにしている」と劣等感をかなり強くもっています。障害のあるすべての人が劣っているのではなく、自分が人として劣っていると感じているようです。どうして弟がここまで自分のことを卑下してしまったのか考えてみたのですが、弟は昔から先生や周りの大人は自分の話すことを何も聞いてくれない、自分が思っていることが何も伝わらないとイライラしていることが多かったように思います。そして、弟がこれをやりたいと思っても、その気持ちが受け入れられないことが多く、弟にとっては「あなたはできない、同い年の生徒と同じことができるはずがない」と突っぱねられているように感じていたようです。

中学生になってから、同学年の生徒は英語を学ぶことになったのに、なぜ自分は学ぶことができないのか、いつまでも小学生がやるような足し算や引き算ばかりで、もっとむずかしい問題は解かせてもらえないのかと興奮しながら話してきたこともありました。さらに、登下校中に周囲の人の冷たい視線やからかいを受けたこともあり、そのようなことをくり返すうちに、「自分は障害者だから人並みのことはできない、だから劣化している」と強く思うようになってしまったようです。その話が出るたびに、弟が劣っているわけではない、苦手なことは誰にだってあると話していますが、「障害者の自分の気持ちなんてわからないだろう」と言われてしまい、それ以上安易に声をかけることもできませんでした。特に特別支援学校を卒業し、一般企業に就職できると弟は思っていましたが、就職先が見つからず結局就労継続支援B型事業に在籍することになり、弟の中にある理想の自分と本来の自分のズレが大きくなり、つらい思いをしてきたようでした。

私が思う以上に弟の苦悩は大きく、私だけで弟の気持ちを変えてあげることはできませんでした。私は幼いころから弟の言動に周囲の大人があまり良い反応をしていないことをなんとなく察しており、姉の私が守ってあげなければならないと思ってきました。そして、今までは弟の言動や気持ちをわかってあげられるのは自分であると思っていました。しかし、弟の気持ちをわかってあげられず、悩みすら解決できないことに初めて弟が一人の人格をもつ人間であり、すべてをわかってあげられるなんておごった考えであることに気づくことができました。

私は弟がここまで強く自分のことを悪く思っていると思いませんでした。そして、他の障害をもつ人達にも弟と同じように自分の障害で苦しんでいる人がいるのではないかと考えるようになりました。すべての障害のある人が自分に劣等感を抱いているわけではないとは思うのですが、弟のように自分に対してネガティブに思うようになっている人もいることを知ってほしいと思っています。そして、そのような気持ちになってしまう原因は、その人のおかれた環境や、周囲の視線、態度など様々で、私たちにも改善する点があるかもしれないということに気づくべきだと強く思っています。知的障害や発達障害のある方たちは肢体不自由の方たちと違い、見た目で知ることができません。障害について知らなければ、障害特有の行動や態度に納得がいかないことも多くあると思います。少しでも知的障害や発達障害について多くの人に知ってもらい、知的障害をもつ人の行動や態度についての誤解や偏見を減らしてほしいと強く感じています。誤解や偏見が減って、障害についての理解が少しでも進んだならば、弟のように自分に劣等感を抱くことも減ると思うし、そばで見守る親やきょうだいがつらい思いをすることも減るのではないかと思います。そして、障害のある人やその家族にとっても暮らしやすい社会になると考えています。

気づいてほしい心の声

大府市発達支援センターおひさま 保育士　奥田千絵

私には、重度の心身障害のある妹がいる。妹は私が二歳の時に生まれてきた。それからの日々で私の中にある記憶は、祖父母の家にいる記憶と帰宅しても家に誰もいないという記憶であることが多い。特別嫌な感情を抱いたり、泣いたりしていたというわけではないと思うのだが、祖父母の家では父も母も妹もおらず、私と祖父母だけで暮らしていた。なぜ、そのようなことが思い出されるかというと、妹は生まれてまもない頃発作を発症し、それから病院への通院や入退院をくり返していたからだ。母はいつも妹に付きっきりで父は仕事のため、幼少時代、私は祖父母の家で過ごし、まともに保育園に通うようになったのは年長さんくらいになってからであった。小学校に入学してからは、母は妹の病院のある隣の県まで通院していたりしたので、私が帰宅する頃には帰ってこない。子ども心に寂しい想いがあったと思う。学校から帰宅し友だちと出かける際、みんなは親に出かけていいか、遊びに行っていいかの確認をとっていたが、私の家には誰もいないし聞く必要もないと思っており、いつも自分で決めて出かけていた。

また、遊園地等に遊びに行くと、私はいつも祖父と乗り物に乗ることが多く、祖父を連れ回して遊ぶことが大好きだった。しかし周りを見ると、兄弟姉妹で乗っている子がたくさんいて、ごく稀だが妹と一緒に乗れる乗り物を見つけるととてもうれしくなり、妹を頑張って乗せて一緒に乗ることが好きだった。私が大学生になって親から聞いた話では、保育園で長期休みの思い出を絵に描く時間があり、その絵を母が迎えに来た際に見たときのこと、周りの園児の絵はカラフルできれいに描かれていたのに対して、私の絵は茶色か黒、鼠色のような暗い色一色で描かれていたという。母はそれがとても気になり園の先生に私の様子を聞いたが、〝いつもと変わりない様子でしたし、このように描く子もたまにいますよ〟と言われただけだったそうだ。しかし、母の中でこのことがどうしても頭から消えず、妹の療育センターの先生に相談してみたら、〝寂しい想いを抱えているかもしれない。一度お母さんと二人で出かけてみたら〟と言われたという。そこで、母は私に〝どこか行きたい所ある？〟と聞くと、あるテーマパークに行きたいと答えたのだそうだ。母は妹を祖父母に預け、母と私と幼なじみの姉妹とお母さんと共にそのテーマパークに出かけた。私はこのような経緯でそのテーマパークに行ったとは知らなかったが、幼少時代の楽しかった思い出の一つに、そのテーマパークに行った記憶が思い出される。私にとってはとてもうれしかった出来事だったのだろう。それから私の園の作品は様々な色が使われるようになったそうだ。

小学校・中学校・高校と上がっていくにつれて〝きょうだい〟の話を周りの友だちとすることは多くなり、楽しい話やケンカした話などもよく聞くようになった。もちろん私と妹はケンカというケンカもしないし、一緒に出かけるということはなかった。友だちの話にあまり入っていけないという想いと共に、ケンカの話でさえとてもうらやましく思っていた。〝私にももう一人妹や弟、お兄ちゃんやお姉ちゃんがいたらな……〟と考えることも多くなってきた。しかし、親にはそんなことは言えない。母と買い物に行くことも滅多にないので、母と二人で買い物に行ける時はとてもうれしかった。しかし、そこでも自分から〝母と二人で買い物に行きたい〟と言えることはなかった。大きな葛藤を抱え、どこでこの思いを話せばいいかもわからないし、誰も聞いてくれる人もいないという想いを大学生になっても抱えていた。そんな時、日本福祉大学内にある、〝きょうだいの会〟のチラシを授業内でいただいたのだ。私はその時〝こんな会があるのか。ぜひ行ってみたい!!〟ととてもうれしくなったのを今でも覚えている。周りの友だちには関係のない会であり、一人で行くことに少し不安も抱えていたが、思い切ってその会に足を運んだのだ。

その会に参加してみると、自分と同じ想いを抱えている仲間もおり共感できたり、話を聞いてもらえたりすることがとてもうれしかった。自分から話したいと思い、自由に話せる会であったのだ。また、自分とは違う悩みや家族の形を知ることもでき、自分の中で家族への想いというのが変わってきた。それまで妹としっかりと向き合うということができていなかった自分に気づいたのだ。妹の障害についてもよくは知らず、大学に入学しきょうだいの会に出逢ってから、母に妹のことについて聞いたり、自分で調べたりして考えるようになった。家族を大切にする想いや妹を愛おしいと今まで以上に思えるようになったきっかけになったと感じる。ただ話しているだけの会のようだが、話すという場が必要であり同じ仲間がいることの大きさや、このような会を必要としているきょうだい達が他にもいるのだと知ることができた。このようにきょうだいへの支援の大切さをきょうだいだけでなくもっと外に広めていくことで、支援者もきょうだいにも支援が必要なのだということに気づいてもらえるとも感じた。

私は日本福祉大学を卒業したのち、資格を取るために短大へと進んだのだが、その短大の学生生活の中で、言語障害児をもつ親の会の学習会に参加する機会があった。私はきょうだいの立場として保護者や福祉施設の職員等からの質問に応じた。そこでは、親が障害のある子ども達に必死になってしまったが故に、きょうだい達との関わり方がわからなくなってしまったという意見や、きょうだいの本当の思いが聞きたいという意見を多くうかがった。親もきょうだいのことを放置しているわけではなく、その時は障害のあるわが子に精一杯なのだということを、私自身改めて考えられた機会であった。また、親も大きな壁にぶつかりながらも自分達なりに乗り越える方法を探しているのであって、決してきょうだいのことをわかっていないわけではないのだ。また、日本福祉大学のきょうだいの会の話をすると、保護者の方たちはとても熱心に聞いて、この会についてとても興味を示してくださったし、施設職員の方々も遠足など外出行事での家族参加の必要性を感じてくださり、とてもうれしく感じた。

私の中で大学のきょうだいの会に出逢えたことはとても大きく、今の道にも影響を与えていると感じている。きょうだいの会はどこにでもあるわけでもなく、そのような会があることも知らない子が多いと思う。参加して話したいというきょうだいばかりでなく、兄弟姉妹の話はしたくないという想いから葛藤を抱えているきょうだいも多くいると思う。そのきょうだい達にもどこかで気が許せる場所や、自分を解放できるきっかけとしてもっときょうだいの会が広がっていくことを私は望んでいる。また、支援者の方々や親御さんにもきょうだいについて考えるきっかけになるような存在として会の活動が広がったら、きょうだいにも家族にも良き支援につながっていくのではと私は思っている。

今の私がここにいる理由、姉への感謝の思い

発達センターちよだ 児童指導員
鈴木絵莉

私は名古屋市内にある、知的障害や発達に遅れのある乳幼児（二～五歳児）の子どもたちが通う通園施設で働いている。大学時代からずっと就きたかったこの仕事を、日々、奮闘しながら楽しんでいる。この仕事に就きたかった一番の理由、そして私のこの仕事に対する強い思いは、私の育ちのなかにある。

私には六歳年上の知的障害を伴う自閉症の姉と二歳年上の姉がいる。小さいころから当たり前のように一緒に過ごしてきた二人の姉。私のなかの二人の〝お姉ちゃん〟にはあまり違いを感じず育ってきた。一緒に過ごすことが本当に大好きで、いつも一緒に買い物に行き、ドライブに出かけ、家に友だちを呼んであそんだりしていた。人ごみが苦手だったり、大きな声や苦手な音が聞こえたり、自分の思っていたことと違ったりすると、大きな声を出して、ところかまわず寝転ぶ姉。今思えば、本当に苦しかっただろうなと振り返るのだが、当時の私はそんなことはわからず、姉の姿を見て〝突然、どうしたのだろう？〟と毎回不思議がっていた

ことを今でも覚えている。姉がそんな姿になるたびに、両親が「すみません」と周りの人に謝り頭を下げ申し訳なさそうにし、それと同時に理解してくれない人が多かったからこそ、向けられる周りの人からの冷たい視線。大好きな姉に向けられるその視線が私は嫌で嫌で仕方がなく、買い物などに行くたびに、そんなふうに姉のことを見る人がいると、小さいときは〝なんでそんなふうに見るの？私が姉を守るんだから〟というように姉の近くに行き、私は反対に睨みつけていた。

そんな姉が中学校に入る頃、これまでとの生活・環境の違いや思春期の不安定さなど、いろいろなことが原因で家でも毎日のように大声を出してテーブルやイスをひっくり返し、パニックを起こすようになった。どんどん力も強くなり、私たち家族に手を出すことも少なくはなかった。当時小学生だった私は、〝普段はニコニコして話をしている姉が、こんなふうになってしまうのはどうしてなんだろう〟とその姉の姿に不安だった。そして、そんな姿をみても、何もすることのできない自分が本当に悔しかった。毎日毎日、家族も私も泣いていたような気がする。

そんな家でのことを誰にも話せず、家の外ではいつもにこにこ笑い、〝家族や周りの人に自分のことで心配をかけてはいけない〟〝明るくていい子でいなくてはいけない〟と勝手に思っていた。そして、心のどこかで、〝家族の悩み、つらくて苦しい思いは誰にもわかってもらえないのではないか〟と思っていた。しかし、仲良くなった中学・高校時代の友だちには本当に恵まれ、友だちは自分の気持ちや家族のことを話しても、私のこれまでの苦しかった思いを自分のように聞いてくれ、一緒に泣いてくれた。〝こんなふうにわかってくれる人もいるんだ〟〝ひとりじゃないんだ〟と感じることができた。家族だけで溜め込むだけではなく姉のことを周りの人にも少しずつ話せるようになった。家の外ではいつも笑顔を絶やさないのは変わらないが、〝良い子でいなくては〟という気持ちはなくなった。その代わりに、〝自分らしくいたい〟と思えるようになった。この友だちに今でもたくさん支えてもらっているし、これからもずっと大切な存在である。

〝言葉や見えてくる姿だけではなく、本当の姉の気持ち・思いを知りたい〟そんな思いから、大学では障害児心理学・発達心理学を学んだ。とにかく自分の学びたかったこと、知りたかったことをたくさん吸収することができうれしく、また〝姉はこんな気持ちだったんだ〟と納得できることも多かった。障害児療育のサークルやヘルパー、児童デイなどのアルバイトをするなかで、子どもたちからたくさんのことを学ばせてもらい、福祉への思いが強まった。子どもたちだけでなく、多くの親御さんやきょうだいの方と出会い、いろいろな家庭環境を目の当たりにし、家族だから共感し支えられることがきっとある、もっとその子自身・家族のことを一緒に考えていきたい、そんなふうに感じるようになった。そして、家族・きょうだいの仲間にもたくさん出会うことができたのもこの時期だった。大学内にある〝きょうだいの会〟ではきょうだい同士が障害のあるきょうだいについて語り合い、互いに共感できることも多く、私自身これまであまり考えていなかった〝きょうだい支援〟にも興味をもつようになった。〝きょうだい〟といっても、本当にそれぞれの考えは違っていて面白かった。それでも、障害や表出の仕方は違っても、きょうだい同士どこか同じような思いがあったり、将来に対する不安や期待もあって、そんなことを気兼ねなく話せる仲間に出会えた。

現在はテレビや新聞などで〝障害〟についての知識や関わり方、〝福祉サービス〟のことを取り上げられたりすることが多くなった。しかし、姉の小さい頃（今から三〇年ほど前）は全くといっていいほど世に知られておらず、姉の子育てや学校への送迎、休日の過ごし方など……すべてのことを母がやっていた。こんなふうに一人で頑張る母をいつも見てきた私は、子どもが小さい頃から支えてくれる支援者や子育て仲間がいたら、きっと心強いだろうなと常に思っていた。子どもたちの支援、親御さんの支援を考えていきたい、そして不安が大きいと考えられる障害を受け止める大事な時期に、親御さんと一緒に子どもたちの姿や将来（少し先かな？）を考えていきたいという強い思いから、今の仕事に就いた。

就職して三年が経ち、自分のやりたかった〝療育〟の楽しさを日々感じている。親御さんやきょうだいについて考えることも多く、保育者として、そして〝きょうだい〟である自分だからこそ伝えられることがあるのではないかと思っている。〝きょうだい〟であることを話すと、「先生みたいになってほしい」と言われたり、「障害のあるきょうだいを世話してほしい」という思いの親御さんにたくさん出会ってきた。私の場合は、この仕事がやりたかったから、この仕事に就くまでずっと応援してくれた母に、そしてこの道に進むきっかけをくれた姉に本当に感謝している。しかし、〝きょうだいだからこうなるべきだ〟というものはなく、その子自身のやりたいこと、追いかけている夢を一番に応援してほしいと思っている。

これからの将来、不安がないというのはウソになる。姉も含め家族みんなが楽しく生活していけるのは、どのような生活なのだろうかと、将来のことを考えることも多い。以前は全くなかった福祉のいろいろなサービスや障害者への支援も少しずつ増えてきている。家族だけで頑張りすぎず、周りの人たちと一緒に考え合っていきたい。

最後に、これまで大変なこともたくさんあったし、つらかった経験をしたことも多かったけれど、姉の妹として生まれてきて、本当に良かったと思う。そして、障害があるからといって姉を特別扱いするのではなく、姉にも私にも変わらず接してくれる母に感謝したい。これからもいろいろなことがあると思うけれど、私たち家族五人で乗り越えていきたいと思う。

二十歳を過ぎたころ

障害児支援施設 児童指導員　G・S

大学在学中に先生方に勧められ、きょうだいに関して人前でお話をさせていただいたことがありました。当時は、「いい子でいる自分」を見せること、（障害児のお母さん方に向けてお話していたこともあり）お母さん方の理想ないい子な部分を多く見せていました。

今回は、まとまりませんが屈折した気持ちを正直に書いていこうと思っています。それは妹たちとの生活・経験によって培われてしまったという思いももっています。ネガティブなこともありますが「妹がいたせい」だとは思っていません。どんなことでも。

私は三人姉妹の長女で、次女が重度の知的障害のある自閉症、現在障害者更生施設に通所しています。三女が中程度の知的障害がありますが、一般企業の障害者枠で働いています。三女はある程度の会話ができるのですが、次女は単語やサインやクレーン現象で自分の要求を教えてくれる程度で、会話はできません。小学生後半くらいまで多動で、家族で出かけたりすると絶対に手を離せないと思っていた記憶が強いです。妹たちからの影響で、発達に心配のある子どもたちと関わる仕事がしたいと考え、大学に進学しました。

大学では、障害について学ぶ学生が多く、自分がいた環境よりも理解のある過ごしやすい場所でした。当時、学生同士できょうだいの会というものを開いて、きょうだい同士のお話をさせていただく機会がありました。周囲の兄弟姉妹への視線・偏見でつらい思いをしたこと、自身の恋愛・結婚、その先……。みんながみんな、兄弟姉妹をネガティブにとらえているだけでなく、自分が今後どんな選択をしていけばいいのかを悩み、打ち明けてきたことは兄弟姉妹を肯定的に考える場になりました。

在学中のご縁から、お母さん方へお話をさせていただいた際、あるお母さんから「結婚相手はどんな人が理想か？」「結婚式には妹さんたちを呼びますか？」と質問をされたことがあります。正直、質問された時「こっちが知りたいです！」と言い返してしまいたかったのですが、皆さんは理想的な返答を望まれている……と今までの環境から培った直感を信じ「障害への理解力・包容力がある男性を選びます」と答えました。結婚には遠い学生に聞かれても困惑する内容だったこともそうですが、なぜ自分の親でもない他人に「いい子」を演じなければならなかったのかと自問自答しました。しかしながら、身近に親の思いを感じてきた私には、取り繕うような答えしかできませんでした。その質問をしたお母さん方に悪気はなく、ただ自分たちの子どもを思ってのことだというのもわかっていたからかもしれません。

恋愛や結婚については、きょうだい会でもよく話題になることです。どの人も気になっていると思います。きょうだいとしては、親なき後や、社会資源の乏しさを考えると、面倒を見ていくのは自分……という考えが常にあります。私はこのことにとてもネガティブな思考をもっていて、幼い頃から周囲に「結婚はむずかしい」「○○ちゃんたちと一緒に暮らしてくれる人がいるといいね」等……言われていたため、結婚はハードルが高いものと思っていました。「この子たち（妹）のことはいいから、あなたに負担はかけない」と母から言われていても、世間の同年代の女の子のように前向きにはなれなくて、ややひねくれた感覚をもっていました。誰か気になる異性を見つけても、踏み出す前に「この人は妹を理解してくれるだろうか」「妹を守ろうとする私をわかってくれるだろうか」……勝手に条件のようなものをつけていたのです。

現在、地元で就職をし、昨年結婚式を挙げました。先に書いたようなネガティブな感情が大半を占め、構えていたのですが、いざ結婚の話が進んでいくと驚くほど自分のイメージしていたものと違っていました。彼、彼の両親からは妹たちのことも家族としてあたたかく受け入れていただいています。妹たちのことが結婚の足かせになることはありませんでした。ネガティブな感情を今ももち続けている私を受け入れてくれた彼、両親には本当に感謝しています。

結婚式は、もちろん妹たちも参加しました。こだわり等の問題行動を考えて事前に次女と彼と三人で会場に見学に行ったり、当日はヘルパーさんにもお手伝いいただきながら参加した次女。感極まってずっと泣いている三女。私の抱いていたイメージとかけ離れて、両家とも穏やかな空気に包まれていました。結婚式を終えて、今まで抱いていた嫌な世間のイメージが少し軽くなりました。「妹や家族のために結婚を考えていないか」と悩んだこともあります。もしかしたら、自分自身の人生を家族のために犠牲にしていると思われるかもしれません。それでも「妹のことが大事な私」をそのまま受け止めてもらえる相手を選んだことは、私にとってのベストな答えでした。妹たちと彼は仲がよく、一年に何回か一緒に映画や食事に行っています。

正直、妹たちが「障害があったからよかったこと」は何もないと思います。障害がある、なしに関係なくすべてが彼女たちであって、私の大切な家族に変わりはないからです。彼女たちから得たものは、無知でいることが、差別や誤解等のネガティブな感情を生むことに気づくことができたことです。様々な立場で物事を考えることが当たり前であったことは、自分の人生の大きな糧となりました。また、妹たちを支えてくださった素晴らしい先生方や職員の方々に出会う機会がなければ、大学に進学し、きょうだい会での出会いはありませんでした。

今後は延々とネガティブな悩みが浮かんでくるでしょう。そのたびに一喜一憂しながら、構えすぎずに歩いて行けたらいいなと思っています。今は、彼と、妹たちとの生活を楽しんでいきたいと思います。

第3章

きょうだいの思いときょうだい支援

田倉さやか

1　きょうだいの思い

一四名のきょうだいの声を聴いて、どのようなことを感じられたでしょうか。そこには、共通する思いもあれば違いもあって、一言に「きょうだい」と言っても、多様であることは伝わったのではないかと思います。また、原稿には書かれていない様々な思いもきっと体験してきたであろうことも言葉の端々に読み取れます。きょうだいが生きている時代背景、生活している地域、家族構成、人間関係、兄弟姉妹の障害や程度、きょうだい自身の性格や特性によってその体験は一人ひとり異なり、一言にきょうだいの思いを述べることはむずかしいものです。

しかし、きょうだいへの支援や研究の中で、きょうだいが体験しやすい思いとして次のようなことが挙げられています（表）。

その一方で、障害のある兄弟姉妹とともに生活をする中で、精神的な成熟や、洞察力、人に対する思いやり、忍耐強さ、誇り、権利擁護意識といったものを身につけていくことができるということも指摘されています（Mchale & Gamble, 1989; Meyer & Vadasy, 1994）。

こうした知見からも、兄弟姉妹に障害があるからといって大

表　特有の悩み

過剰な同一視	自分も一緒に生活していたら、同じ障害になるのではないかといった心配。特に兄弟姉妹の障害が軽度でわかりにくい場合や、弟妹のきょうだいに多い。
恥ずかしさ、困惑	兄弟姉妹の外見や言動により周囲からじろじろ見られて恥ずかしい思いをしたり、兄弟姉妹のことを聞かれて、どう答えてよいかわからず戸惑ってしまう。
罪悪感	兄弟姉妹の障害の原因が自分にあると考えたり、自分に障害がないことや健康であること、また、兄弟姉妹に悪口を言ったり、ケンカをすることにも罪悪感を感じてしまう。また成人期でも、兄弟姉妹の世話をしないことへの罪悪感を感じる。
孤立、さびしさ	親が兄弟姉妹にかかりきりになり、親の関心が得られなかったり、病院への付き添いや留守番などにより同年代の友だちと遊べないことで孤独感やさびしさを感じる。また、成人期でも悩みを誰とも共有せず、孤立してしまうこともある。
憤り、怒り	親が障害のある兄弟姉妹のことばかりになり、過保護にする一方で、きょうだいには過剰な要求をする時などに、怒りを感じることが多い。また、成人期になっても、親が将来のことについて、きょうだいを抜きにして考えてしまうといったことにも怒りを感じる。
増える負担	特に弟妹に障害がある場合の女性のきょうだいが、兄弟姉妹の世話をしたり家の手伝いをすることが多く、過剰な責任感をもちやすい。
達成へのプレッシャー	障害のある兄弟姉妹ができないことも頑張ってやり遂げなければいけない、親の期待にそわなければいけないというプレッシャーを感じてしまう。
正しい情報の欠如	兄弟姉妹の障害に関することに対して正確な情報が得られず、不安になる。また、将来、兄弟姉妹の面倒を見ていくのか、子どもに遺伝しないかといった不安も抱く。

（Meyer&Vadasy, 1994を元に作成）

変なことばかりでもなく、だからこそ得た力もあることがわかります。実際に、大変なこともたくさん経験していますが、それを通して成長していくきょうだいたちにも出会ってきました。小さい頃から体験してきた小さな傷つきや葛藤が、彼らをたくましく成長させていると言えるのかもしれません。

当然のことではありますが、きょうだいの思いもきょうだい自身や兄弟姉妹の成長とともに変化していきます。小さい頃は、兄弟姉妹の言動の理由がわからず腹を立てたり、恥ずかしい思いをしたりすることも多いものです。障害のある兄弟姉妹もきょうだい自身も幼く、様々なことに対してうまく対処できるスキルが身についていないために、きょうだいが兄弟姉妹のパニックやこだわりに巻き込まれることも多いですし、家族で出かけられない、家に友だちを呼べないなどきょうだいの行動が制限されることも多々あります。親が兄弟姉妹にかかりきりになることに対して寂しさを感じながら我慢していることもあります。また、学校で兄弟姉妹のことでからかわれる、兄弟姉妹がいじめられているのを目撃してしまう、兄弟姉妹が授業中にパニックになり、それをおさめてくれるよう先生に頼まれたというようなことも残念ながらよく聞く話です。幼い頃からきょうだいになりに兄弟姉妹のことを理解していることも多いですが、やはり、きょうだいの発達時期に合わせて兄弟姉妹の特徴や困ったときの対処方法などを具体的に、ていねいに身近にいる人から教えてもらうことはとても重要だと思います。

親もいろいろな思いを抱えながら、兄弟姉妹にもきょうだいにも関わっているのですが、親の扱いが自分と兄弟姉妹で違うことを「不当だ」と感じることも少なくありません。兄弟姉妹と同じことをしても、自分だけ叱られる、自分だけ我慢をさせられると感じて、「どうして?」という思いをもつこともよくあることですし、兄弟姉妹中心の生活の中で、自分の悩みや本音を言えないこともあります。そうしたストレスの表現はきょうだいによって様々で、ぐっと我慢していい子で居続けるきょうだいもいますし、そのいら立ちを直接、親や兄弟姉妹にぶつけるきょうだいもいます。どちらにしてもきょうだいは、自分の気持ちを伝えたい、聴いてもらいたいと思っており、それができる時間や空間を確保してもらうことが大切です。

それでも、少しずつ客観的に物事が考えられるようになってくると、兄弟姉妹の障害について理解ができるようになったり、良いところにも目を向けられるようになります。安心して付き合える友人関係ができたり自分の心の「居場所」ができることで、親や兄弟姉妹に対する見方が変わって関係も変化していくことが多々あります。また、親の関わり方が違うことに対しても少しずつ理解ができるようになっていきます。一方で、障害のある人たちに対する周囲の差別や偏見にも敏感になって、友だちに兄弟姉妹のことをどのように伝えたらよいのか悩むきょうだいもいます。また、友だちの輪から外されないよう、一緒になって障害のある人のことをからかうような行動をとってしまったことに大きな罪悪感を感じてしまうようなこともあります。きょうだいの思いは、地域や学校を含めどのような環境で生活しているかで大きく変わってくるとも言えるでしょう。

いじめやからかいを放置する、学校など家庭の外でも兄弟姉妹の「援助者」となることを必要以上に期待するというようなことはあってはならないことですし、障害のある人に関わる者たちがそれぞれ果たすべき役割をきちんと担えば、きょうだいが悩まずに済むこともあります。十数年前に比べれば、障害に対する理解や支援は広がってきていますが、まだまだ差別や偏見は根強く残っています。そうした社会の目が障害のある当事者や親だけでなくきょうだいを傷つけていることもたくさんあることを忘れてはいけません。

大人になったきょうだいの悩みの多くは、「恋愛・結婚」と「親亡き後」のことです。特に、結婚となるとパートナーやその家族に兄弟姉妹の障害のことを知ってもらう必要があり、それをいつどのように伝えるのかについて悩んだり、相手に理解してもらえるだろうかと不安を感じているきょうだいもいます。私が出会ったきょうだいは、兄弟姉妹を受け入れてくれるかどうかで、自分がこの先も相手と付き合えるかどうか、信頼できるかどうかを判断しているようなところもあり、うまく兄弟姉妹の存在を「利用」して人間関係をつくっていたりしますが、パートナーの家族に理解してもらう、出産を考えるなど、節目節目で兄弟姉妹のことを考え悩むこともよくあることです。きょうだいやその家族だけで解決できることではないため難しい問題にもなりますが、きょうだい自身がその都度納得して前に進んでいけることが重要だと思います。

「親亡き後」の問題は非常に大きな問題ではありますが、これは社会の問題でもあり、きょうだいが本来背負い込む問題ではありません。とはいえ、親が亡くなったら自分が何らかの形で関わっていかなければならないと考えているきょうだいも多いのが現状ですし、自分だけ「蚊帳の外」にされることを望んでいないきょうだいもいます。

地域にある福祉サービスは十分に利用した上で、どのような形で関わっていけばよいのか、事前に親と一緒に話し合いができるときょうだいも見通しが立てられ安心できるということもあるのではないでしょうか。

このように、きょうだいはそれぞれの発達時期で兄弟姉妹をめぐって様々な思いを抱いています。しかし、その思いを率直に必要な相手に伝えられるようになるまでには長い時間を要する場合もあるようです。ずっと「いい子」で頑張り続けているきょうだいも少なくありませんし、本音を言ったら家族が傷つくのではないかと感じて言わないままいるきょうだいもいます。また、自分が家族を支えなければという思いから、自分のことよりも家族のことを優先しているようなきょうだいもいます。しかし、こうした「我慢」はずっと続けられるものではありませんし、続けさせてもいけません。幼い頃からきょうだいなりに考えて工夫をしていたり、アピールしていることもたくさんあり、それが時として、周囲にとっては否定的な形で表現されることもあります。それもきょうだいなりの「精一杯」であり、そんな自分も誰かに受け止めてもらいたいと思っています。ここであげたようなきょうだいの悩みや思いは自然な気持ちであることや、周囲にとっての「いい子」をやめて、きょうだいが自分自身の人生を大事に生きていくことを、きょうだいにかかわる人たちが認めていくことが必要なのだと思います。

2　きょうだいへの支援

先に述べたきょうだいの思いだけをみると、きょうだいは大変な経験ばかりをしていると感じられるかもしれませんが、兄弟姉妹との関係や親との関係もそれぞれ異なります。小さい頃からずっと、兄弟姉妹の障害のことをオープンにして人間関係を築いているきょうだいもいますし、親ともずっと良い関係でいるきょうだいもいます。また、同じような大変な体験をしてもそれを簡単に乗り越えられるきょうだいもいます。

そのため、きょうだいへの「支援」といっても、そのアプローチは多様であるべきだと考えています。きょうだい同士で集まって何かを行うことは「直接的」な支援です。今、日本で行われているきょうだいへの直接的な支援は、全国障害者とともに歩む兄弟姉妹の会をはじめ各地域のきょうだい会や、地域の障害児者の支援団体や施設が行っていることが多いですが、きょうだいが集まって遊んだり、話し合ったりするような取り組みや、兄弟姉妹の障害のことや付き合い方を一緒に考えるような取り組みが中心です。こうした取り組みはきょうだいの成長や心の安定に効果があることも認められています。また、兄弟姉妹の障害やその関わり方について客観的に知る機会や自分の思いを見つめる機会をもつことで、家族との関係が変わってくることもよくあります。

日本福祉大学で長年行ってきた取り組みも、一つの直接的な支援の形なのかもしれません。参加している学生に、きょうだいの会にどうして参加しているのかを聴いたことがあります。学生が共通して話してくれたことは、自分と同じ立場の人がいるという安心感を得られる、どんなことを話してもそのまま聞いて受け止めてくれる、共感できることがたくさんあるということでした。いつも一緒にいる友人とは違うけれど、会えば安心して話せる不思議な関係だと話してくれた学生もいました。保護者にとってもそうですが、同じ立場で話を共有できる相手がいるということは、きょうだいにとっても大切なのです。それまで同じ立場にいる人と話したことがなく「自分だけがこんな思いをしている」と感じているきょうだいも少なくありません。また、兄弟姉妹や親に否定的な感情をもってしまうことに対して罪悪感をもち続けてきたきょうだいもいます。しかし、きょうだいの会で、みんながそれぞれ思い思いに言いたいことを話しているのを聞いて、「自分だけではなかった」、「否定的な感情を抱いてもよかったんだ」と思えることで気持ちが楽になるということもあるようです。それが、きょうだいの会という形でなくても、友人に偶然同じ立場の人がいたという場合や、友人でなくとも身近な人にいたということで安心できることもあるでしょう。

また、社会に出る一歩手前の学生という立場で出会うことにも大きな意味があると感じています。特に、「福祉」を学ぶ大学ということもあり、自分が「援助者」になるのだという強い使命感のようなものをもっている学生もたくさんいます。自分のこれまでを振り返る、自分の将来を考えるということができる大きなターニングポイントで、兄弟姉妹や家族に対する自分の気持ちを整理し、家族のことはいったん切り離して自分自身の将来のことを考えてみるというのは、彼らが「援助者」となる前に一度自分自身に立ち返るという意味で重要な時間になるのではないかと思います。

同じ日本福祉大学に通う「きょうだい」の立場の学生は多くいますが、きょうだいの会に参加する学生もいれば、そうでない学生もいます。もちろん、存在自体を知らないという学生もいるでしょうし、知っていて参加しないという選択をしている学生もいます。語りたいと思うきょうだいもいれば、語りたくないというきょうだいもいます。こうした機会に参加するかどうかは個人に委ねられるのが現状ですが、きょうだいにはそれぞれ多様な思いがあることを念頭におきながらも情報を発信していくことは、きょうだいに「選択肢」を提供する上で重要なことであると思います。

しかし、すべてのきょうだいにこうした支援を提供するということは現実的ではありません。少しずつ直接的なきょうだい支援の取り組みは広がりをみせてはいますが、そうした機会に出会うことのないきょうだいの方が圧倒的に多いでしょう。実際に、この本に寄稿してくれた学生や卒業生も同様です。それよりも、障害のある当事者や保護者に関わる支援者がきょうだいにも関心をもち、きょうだいの思いを汲んだ対応をしていくことがとても大切であると考えています。例えば、障害のある兄弟姉妹が通う施設での活動で、幼いきょうだいにも個別に対応するボランティアさんがついてくれたこと、そこで、「~君のお姉ちゃん」ではなく、「~ちゃん」と呼んでくれたことがとてもうれしかったと話すきょうだいもいました。親が兄弟姉妹に関わることに懸命になっている中、きょうだいの思いを代弁し、きょうだいとの時間を作ることを助言してくれた支援者の存在が大きかったと語る保護者もいました。

きょうだいには「きょうだい」でいる時間と「きょうだい」でなくてもいい時間、どちらも必要で、それを保障することも支援の一つです。幼少期から、誰か（必ずしも支援者だけではなく、親戚や近所の人かもしれません）がきょうだいのことを気にして働きかけてくれるということがあれば、きょうだいにとってはそれが「間接的」であっても「支援」になります。この間接的な支援こそが、きょうだいの育ちや生活を支えることになるのです。小さい頃から、地域の人たちや、親戚、友人、学校の先生、兄弟姉妹の支援者などいろいろな人との出会いの中で何らかの支えを得て、自分らしく生活しているきょうだいも沢山います。そうした人とのつながりが重要であると考えています。きょうだいへのまなざしをもち、さまざまな形でかかわってくれる人が増えていくことを願うばかりです。

3 今後に向けて

現在の日本の障害者福祉は、「家族頼み」になっているところがまだまだあります。大人になってから、親の介護や、兄弟姉妹の老化によって、家族の世話を一手に担わなければならないような状況にいるきょうだいもいます。周りもきょうだいにそうした「援助者」の役割を期待しているところもあります。しかし、こうした負担感は障害のある人たちを支える地域の資源が充実していくことで解消していく問題でもあり、今後の障害者福祉の発展が望まれるところでもあります。直接的なきょうだい支援の取り組みを広げていくだけでなく、家族や教育及び支援関係者がきょうだいの思いを頭の片隅において、きょうだい自身の生活を保障すること、必要な時期に必要な情報を共有してくれることが何より大事であると考えています。

最後に、きょうだいは障害者やその家族の支援の中では陰に隠れた存在ですが、幼いころから親や兄弟姉妹の身近にいて様々なことを感じ考え、そこでの多様な体験に影響を受けながら大人になっていきます。誰にとっても同じことですが、きょうだいにはきょうだいの人生があります。何よりも、きょうだい自身が誰のためでもない自分の人生を納得して歩んでいけるよう、彼らの主体性を育み、それを尊重していくことが重要です。

［引用文献］

McHale,S.M. & Gamble,W.C. (1989). Sibling relationships of children with disabled and nondisabled brothers and sisters. *Developmental Psychology*, 25, 421–429.

Meyer,D. & Vadasy,P.F.(1994): *Sibshops:Workshops for siblings of children with special needs*. Baltimore, MD, Paul H. Brookes.

編著

近藤直子（こんどう　なおこ）
日本福祉大学子ども発達学部教授

田倉さやか（たくら　さやか）
元日本福祉大学社会福祉学部（障害学生支援センター）助教
臨床心理士

日本福祉大学きょうだいの会（にほんふくしだいがくきょうだいのかい）
2009年からきょうだいだけが集まる会として、定期的に活動を行っている。現在も学生が中心となり、月に1～2回程度メンバーが集まって交流を深めている。

きょうだいの会メンバー：執筆順

佐野　円香（さの　まどか）
藤井沙耶香（ふじい　さやか）
古藤田有花（ことうだ　ゆか）
赤尾　勇斗（あかお　ゆうと）
M・C
沼野　純子（ぬまの　じゅんこ）
下出　隼（しもで　じゅん）
加藤　睦（かとう　むつみ）

［卒業生］
稲吉　啓太（いなよし　けいた）
M・E
望月　彩花（もちづき　あやか）
奥田　千絵（おくだ　ちえ）
鈴木　絵莉（すずき　えり）
G・S

障害のある人とそのきょうだいの物語
青年期のホンネ

2015年8月31日　初版発行
2016年8月10日　第2刷発行

編　著　© 近藤直子・田倉さやか・日本福祉大学きょうだいの会
発行者　田島英二
発行所　株式会社 クリエイツかもがわ
〒601-8382　京都市南区吉祥院石原上川原町21
電話 075(661)5741　FAX 075(693)6605
http：//www.creates-k.co.jp　info@creates-k.co.jp
郵便振替　00990-7-150584
装　丁　加門啓子
印刷所　T-PLUS/ 為国印刷株式会社

ISBN978-4-86342-167-7 C0036　printed in japan